HAKAN BAYKAL

Der erste Reporter

HAKAN BAYKAL

Der erste Reporter

Herodots Berichte aus aller Welt

primus ∪ verlag

Die Deutsche Nationalbibliothek verzeichnet diese Publikation in der Deutschen Nationalbibliografie; detaillierte bibliografische Daten sind im Internet über http://dnb.dnb.de abrufbar.

Der Primus Verlag ist ein Imprint der WBG
© 2013 by WBG (Wissenschaftliche Buchgesellschaft), Darmstadt
Die Herausgabe des Werkes wurde durch die Vereinsmitglieder der WBG ermöglicht.
Umschlaggestaltung: mmdesign, Mario Moths, Marl
Umschlagabbildung: Zeitungsrolle © fotolia / Stauke; Herodot-Denkmal in Wien © fotolia / Sabine Weiße
Layout und Satz: mmdesign, Mario Moths, Marl
Redaktion: Kristine Althöhn, Mainz
Gedruckt auf säurefreiem und alterungsbeständigem Papier
Printed in Germany
www.primusverlag.de
www.wbg-wissenverbindet.de

ISBN 978-3-86312-040-5

Elektronisch sind folgende Ausgaben erhältlich:
eBook (PDF): ISBN 978-3-86312-928-6
eBook (epub): ISBN 978-3-86312-929-3

INHALT

für Günseli

DER ERSTE REPORTER

Herodot, seine Zeit und
sein Werk

In einem glühend heißen Sommer vor mehr als drei Jahr-
zehnten trat Herodot in mein Leben. Tagtäglich 40 Grad
Celsius waren auch für die Südtürkei ungewöhnlich, wo ich
wie jedes Jahr die Ferien mit meinen Großeltern in deren
Sommerhäuschen verbrachte. Die Hitze zwang selbst uns
Junge – ich muss damals 14 oder 15 Jahre alt gewesen sein
– spätestens um die Mittagszeit vom Strand oder Fußball-
platz in jeden Schatten, der sich anbot. Einer meiner liebsten
Plätze lag an einem kleinen Brunnen am Fuß eines mächtigen, alten Feigenbaums, wo ich ungeachtet der Wespen und
Hornissen, die sich dort ebenfalls wohlfühlten, manchmal
in Gesellschaft einer vertrauensseligen Ziege vor mich hin
döste, träumte – oder las.

Der mickrige Krimi, den ich als Ferienlektüre aus Wien
mitgebracht hatte, war schnell erledigt. Doch noch bevor
ich über Langeweile klagen konnte, drückte mir meine

Großmutter eine türkische Ausgabe der „Historien" Herodots in die Hand. Das sei spannend, meinte sie, meinem ratlosen Blick entgegnend. Außerdem schade es nichts, mich etwas in meiner Muttersprache zu üben. Sie hatte nur teilweise recht. Mein Deutsch ist heute immer noch besser als mein Türkisch, doch das Buch war wirklich spannend, nein, es war mehr als das: An jenem Tag unter jenem Feigenbaum öffnete sich mir ein Kosmos – heute, mehr als 30 Jahre später, bereise ich diesen noch immer gerne und entdecke immer wieder Neues.

Aus Herodots Leben ist nicht allzu viel bekannt. Geboren wurde er um 485 v. Chr. in Halikarnassos, dem heutigen Bodrum an der türkischen Ägäisküste, und er starb rund 60 Jahre darauf in der süditalienischen Stadt Thurioi, einer griechischen Kolonie. Zur Zeit seiner Geburt stand Halikarnassos genauso wie der Rest Kleinasiens unter persischer Hoheit, wurde aber statthalterisch von wechselnden einheimischen Tyrannen beherrscht. Da seine Familie mit einem von diesen in Konflikt geriet, verließ Herodot seine Heimatstadt und ließ sich bis auf Weiteres auf der Insel Samos nieder (wann genau er ins Exil ging, ist nicht bekannt, sicher aber vor 450). Ungefähr zu dieser Zeit, vielleicht etwas früher, begann er wohl auch seine Fahrten. Herodot bereiste große Teile Kleinasiens, besuchte Ägypten, Babylon und Persien, umrundete das Schwarze Meer vom Balkan kommend fast bis an die Ausläufer des Kaukasus. Dort, wo sie herrschten, hatten die Perser zwar ein ausgezeichnetes Straßennetz (sowie die erste funktionierende Post) aufgebaut, doch Reisen waren nichtsdestoweniger beschwerlich. Da er keine Sprachen außer dem

Griechischen beherrschte, brauchte Herodot fast immer und nahezu überall Dolmetscher. Das führte offenbar zu manchen Missverständnissen – aber davon später.

Zwischen seinen Ausflügen heimgekehrt, schrieb er immer wieder an seinen „Historien", *Historíes apódexis*, wie er sie im ersten Satz des Werks nennt: Darlegung seiner Forschungen. Erst durch den durchschlagenden Erfolg, den seine Geschichten von nahen und fernen Ländern bereits bei den Zeitgenossen, die größtenteils Griechenland nie verlassen hatten, aber auch unter nachgeborenen Generationen hatten, bekam das Wort Historie jene Bedeutung, die es heute noch hat. Herodot schrieb allerdings nicht nur im stillen Kämmerlein vor sich hin, sondern trug seine Berichte auch öffentlich vor: natürlich in Athen, aber auch in Korinth, Olympia und Theben – gerade bei diesen Events fand sein Werk ein begeistertes Publikum, er selbst wurde zum Star.

„Herodotos von Halikarnassos gibt hier die Darlegung seiner Forschungen, damit bei der Nachwelt nicht in Vergessenheit gerate, was unter den Menschen einst geschehen ist; auch soll das Andenken an große und wunderbare Taten nicht erlöschen, die die Hellenen und die Barbaren getan haben, besonders aber soll man die Ursachen wissen, weshalb sie gegeneinander Kriege geführt haben." Mit diesen Worten beginnt das Werk, und sein Autor hält sich an die eigenen Vorgaben – über 1500 Kapitel lang. Es handelt sich dabei übrigens nicht nur um das erste historische Werk der abendländischen Literatur, sondern um das erste in Prosa gehaltene überhaupt. In einer schriftstellerischen Sprache also, für die es damals noch nicht einmal eine Bezeichnung gab, da bis dahin ausschließlich Verse wie jene Homers als Literatur galten. Episch wie jenes des blinden Sängers der „Ilias" ist aber auch Herodots Werk, wenn er auch nicht von Göttern und Helden berichtet, sondern von dem, was tatsächlich und historisch verbürgt „unter Menschen einst geschah". Gerade dieser Anspruch, die Beschränkung auf die Taten und Geschicke der Menschen – und nicht auf das Tun und Lassen mythischer Heroen und zänkischer Gottheiten –, macht Herodots Werk so herausragend. Dieser Anspruch ist zugleich auch ein erster Hinweis darauf, dass seine Arbeitsweise eine journalistische war, mit der er den Dingen auf den Grund gehen wollte.

Sein Thema sind eigentlich die griechisch-persischen Kriege von 490 bis 479 v. Chr., zu deren Halbzeit er zur Welt kam. Mit seinem Bericht setzt er jedoch noch vor diesem ersten Weltkrieg an. Er erzählt davon, wie Kyros, der spätere Gründer des Perserreichs, als Kind aus seiner Heimat vertrieben wurde, wie er wieder zurückkehrte, seine Feinde niederrang, die Herrschaft der Meder überwand, die Dynastie der Achämeniden gründete und sich anschickte, das erste Weltreich der Geschichte zu erschaffen. Und während Herodot schildert, wie die Perser nach und nach Babylonien, die Levante, Kleinasien, Ägypten und Libyen im Westen eroberten, wie sie im Osten in den Kaukasus, nach Zentralasien und bis nach Indien vordrangen, breitet er vor unseren Augen einen weiten Fächer an bunten Themen aus. Er beschreibt die Pflanzen- und Tierwelt der eroberten Gebiete, ergeht sich in Betrachtungen über Klima und Geografie der verschiedenen Landstriche – und er erzählt immer und immer wieder von den Menschen. Nichts entgeht seinem Wissensdurst, nichts enthält er seinem Publikum vor: Historisches und Anekdotenhaftes vermischen sich, Legenden gehen in Fakten über und umgekehrt. Bis ins kleinste Detail verfolgt er Zusammenhänge, bis in den letzten Winkel der Erde folgt er auch den abenteuerlichsten und sonderbarsten Spuren – buchstäblich! Als er etwa anhebt, das Steueraufkommen der Untertanen des Großkönigs Dareios zu entschlüsseln, zählt er alle Satrapien (Provinzen) des Perserreichs und alle unterworfenen Völker mitsamt den Abgaben auf, die sie zu zahlen hatten. Daraufhin rechnet er die Summe in für das griechische Publikum verständliche Beträge um, diskutiert, wie die Barren beschaffen waren, in die all das Gold zusammengeschmolzen wurde, und geht der Frage nach, woher das meiste Gold kam. In Indien nämlich, so berichtet er weiter, würden Ameisen, „kleiner als Hunde, aber größer als Füchse", Goldstaub ausgraben, den die Inder dann in waghalsigen Manövern (und auch diese beschreibt der Autor) den Riesenameisen abluchsen würden. Nebenbei erzählt er – wir befinden uns noch immer in ein und derselben Passage des Werks – vom Kannibalismus bei manchen Indern, den Wundern und Schätzen Arabiens (inklusive geflügelten Schlangen), philosophiert über die Gebärfreudigkeit bei Hasen und Löwen, spekuliert über Erzvorkommen im Norden Europas – um schließlich wieder zu König Dareios, dem persischen Reich und dem Verlauf der Geschichte zurückzukehren. Welch ein Kosmos, welch eine Lust am Erzählen!

So fabuliert Herodot immer wieder vor sich hin, kommt vom Hundertsten ins Tausendste, verliert letztlich jedoch niemals den roten Faden seiner Geschichte. Mir waren und sind diese kleinen Geschichten am Rande die liebsten. Schließlich ist das Resultat der Perserkriege bekannt: Zwei Großkönige (Dareios und Xerxes) haben versucht, das griechische Festland zu erobern. Beide sind daran – entgegen jeder Wahrscheinlichkeit und trotz der enormen Überlegenheit ihrer Heere – kläglich gescheitert. Wie die verschiedenen Schlachten im Detail verlaufen sind, wer, wann, wo und mit wem worüber verhandelt hat, das mag interessieren, wen es will. Mich reizen bis heute die Anekdoten, die Nebensächlichkeiten am meisten. Offenbar ging es Herodot selbst ebenso: Neun Bücher umfassen seine „Historien", erst zur Mitte des fünften Buchs kommt er endlich auf den Ionischen Aufstand und damit auf den Beginn des persisch-griechischen Kriegs zu sprechen. Davor, danach und währenddessen ist von Fabeltieren die Rede, von Tempelhuren, Menschenopfern, von kiffenden Nomaden und fliegenden Schamanen, von sexuellen Eskapaden, blutigen Riten und skurrilen Experimenten, von allerlei Wunderbarem und Bemerkenswertem. Nebenbei: Herodot selbst schrieb am Stück. Erst lange nach seinem Tod wurden die „Historien" in neun Bücher gegliedert. Und erst in der Renaissance wurden die einzelnen Bücher nach den neun Musen benannt.

Der römische Jurist, Staatsmann und Philosoph Cicero nannte Herodot *pater historiae*, den Vater der Geschichtsschreibung, und das war er ganz gewiss, genauso wie er sich als Ethnologe, Klimaforscher, Geograf, letztlich als Enzyklopädist betätigte. Zugleich aber war Herodot der erste Reporter. Mit jeder Geschichte, jeder Story, die er erzählte, versuchte er, seinem Publikum eine möglichst große Fülle an

Informationen zu liefern, mühte sich ab, auch nicht den geringsten Nebenaspekt zu vernachlässigen. Dabei vergaß er – und das ist vielleicht das Wichtigste – bei aller historischen Dichte seines Themas und allen anekdotischen Umwegen seines Stils nie die Menschen, ihr Handeln, ihre Motive, ihr Scheitern oder ihren Erfolg. Das macht einen guten Reporter aus, und genau dadurch zeichnete sich Herodot aus.

Bei all der Fülle unterliefen ihm auch Fehler, Irrtümer, und es gab Missverständnisse: Bereits in der Antike wurde seine Zuverlässigkeit infrage gestellt. Viele Kritiker warfen ihm Geschwätzigkeit vor, sahen in ihm einen Märchenonkel und Anekdotenerzähler. Der Vorwurf blieb lange an ihm haften, obschon sein Werk immer Liebhaber fand. Mittlerweile hat sich das Bild gewandelt. Natürlich übersieht man auch heute nicht die Fehler, die er gemacht hat, erkennt besser denn je zuvor die falschen Informationen, die er wiedergegeben und damit verbreitet hat. Doch konnten Althistoriker und Philologen längst nachweisen, dass Herodot die meisten Irrtümer stets dann unterliefen, wenn er sich auf Berichte aus zweiter Hand stützen musste. Wo er Augenzeuge war, schrieb er nach bestem Wissen und Gewissen die Wahrheit, oder wenigstens das, wovon er glaubte, es sei wahr. Für mich persönlich kommt es allerdings im Detail gar nicht so sehr darauf an, ob der Mann aus Halikarnassos hie und da irrte, sondern darauf, wie er uns dieses Universum an Geschichte und Geschichten präsentiert, mit welcher Sprache und mit wie viel Lust am Erzählen er sein Werk verfasste. Sein später geborener Landsmann Dionysios von Halikarnassos meinte ergriffen: „Es gelang ihm, dass die Prosa der mächtigsten Dichtung gleichkam.“

Dort, wo es mich zu wissen reizte, ob hinter der Anekdote auch eine Wahrheit steckt, bin ich ihr gefolgt, habe versucht, der Frage auf den Grund zu gehen – meist mithilfe von Experten. Es ist überraschend, wie viel man erfahren kann, wenn man sich an einen einzigen Satz von Herodot hängt, ihm folgt und seinen Wahrheitsgehalt zu ergründen sucht.

Der „Bock von Mendes" (s. S. 28) war der Ursprung meiner beruflichen Beschäftigung mit den „Historien". Vor einigen Jahren war ich in Heidelberg zu einem Vorstellungsgespräch bei dem inzwischen leider eingestellten Magazin „Abenteuer Archäologie" eingeladen. Beiläufig fragte mich dessen damaliger Chefredakteur, ob mir spontan eine Rubrik für die Zeitschrift einfiele. Vorbereitet hatte ich nichts, doch aus dem Stand schlug ich eine Herodot-Reihe und als erstes Thema den mendesischen Bock vor. Wir mussten beide herzlich lachen und ich bekam den Job. Ein Teil der hier versammelten Artikel erschien vor Jahren in „Abenteuer Archäologie". Sie wurden bearbeitet und aktualisiert, wo dies geboten schien. Andere Texte entstanden eigens für diese Veröffentlichung.

Ob meine Großmutter in jenem Sommer, in dem sie mir die „Historien" in die Hand drückte, vom ägyptischen Bock und anderen Pikanterien in Herodots Werk wusste, ob sie vergessen hatte, dass es in den „Historien" manchmal hoch hergeht, oder ob sie meinte, ich sei alt genug für den Stoff, kann ich sie nicht mehr fragen. Für den Kosmos, den sie mir damals eröffnete, werde ich für immer dankbar sein. Ihr ist dieses Büchlein gewidmet.

VON GÖTTERN UND MENSCHEN

„Ebenso seien die Ägypter die ersten
gewesen, die den Göttern Altäre,
Bilder und Tempel errichtet und Figuren
gemeißelt hätten. Dass es wirklich so ist,
davon haben sie mich in vielen Fällen
durch tatsächliche Beweise überzeugt.“

(Buch 2, Kapitel 4)

APOLLONS SCHAMANE

„Nun berichtet Aristeas aus Prokonnesos,
wie er, von göttlicher Raserei ergriffen, zu den
Issedonen gewandert sei."

(Buch 4, Kapitel 13)

Viel war es nicht, was Herodot über den außergewöhnlichen Mann namens Aristeas schrieb. In nur dreien der über 1500 Kapitel, die seine „Historien" umfassen, fertigte er den weit gereisten Dichter und Pilger regelrecht ab – könnte man meinen. Und doch erzählt uns Herodot auf diesem engen Raum mit lediglich ein paar Sätzen zwei Geschichten zugleich. Zwei Erzählungen, die unterschiedlicher nicht sein könnten, sich dabei jedoch ergänzen, fast bedingen, um schließlich ineinander überzugehen, miteinander zu verschmelzen.

Da ist zum einen der Bericht vom ersten Europäer, der jemals nach Zentralasien reiste – und dabei fast zwei Jahrtausende vor Marco Polo möglicherweise bis an die Grenzen Chinas gelangte. Zum anderen aber erfahren wir, dass diese Reise von einem unternommen wurde, der „von göttlicher Raserei ergriffen" war. Vielleicht ein Hinweis auf die älteste noch ausgeübte Weltreligion, den Schamanismus. Doch der Reihe nach, die Geschichte ist reichlich verworren und verwirrend.

Aristeas stammte von der Insel Prokonnesos im Marmarameer, das zwischen den Dardanellen und dem Bosporus liegt. Er lebte im 7. Jahrhundert v. Chr., sein Vater hieß Kaystrobios – und das ist auch schon alles, was man über seine Abstammung weiß. Erst aus seinem Mannesalter erfährt man wieder etwas.

Eines schönen Tages ging der in seiner Heimat hoch angesehene Bürger zu einem Walker. Dies waren in der Antike entweder Leder verarbeitende Handwerker oder Kleidungsreiniger – beide benutzten für ihre Arbeit tierischen und menschlichen Urin. Wir können also davon ausgehen, dass die Werkstatt, die Aristeas an jenem Tag betrat, von unerträglichem, ungesundem Gestank erfüllt war. Im wahrsten Sinne des Wortes, denn, so schreibt Herodot, als unser Mann die Räume betrat, „fiel er tot hin". Der Handwerker schloss den Umgefallenen ein und ging los, den Verwandten des Verstorbenen die traurige Nachricht zu überbringen. Doch bei ihrer Rückkehr zur Walkerei war der vermeintlich Tote verschwunden: „Als aber die Tür geöffnet wurde, war kein Aristeas da, weder tot noch lebend." Ein eben erst eingetroffener Reisender behauptete jedoch, ihn auf dem Weg nach Kyzikos, einer Stadt auf dem Festland südlich der Insel Prokonnesos, gesehen zu haben. Der Held der Geschichte war also gestorben, offenbar wieder zum Leben erwacht und verschwunden, hatte das Meer überquert und war losgewandert. Die Aufregung in Prokonnesos muss an jenem Tag grenzenlos gewesen sein, leider aber erfahren wir darüber nichts Genaueres.

Erst sieben Jahre später kehrte Aristeas in seine Heimat zurück, schrieb ein Epos mit dem Titel „Arimaspea" und verschwand wieder, diesmal für immer (oder fast für immer, aber dazu kommen wir noch). Von seinem nach dem sagenhaften einäugigen Volk der Arimaspen benannten Werk ist heute kaum noch etwas erhalten. Lediglich einige wenige Verse wurden durch andere Autoren vor dem Vergessen bewahrt. Zu Lebzeiten Herodots jedoch war das epische Gedicht des Aristeas noch wohlbekannt. Vielleicht begnügte sich unser Autor auch deswegen mit nur drei Kapiteln zu diesem beachtenswerten Mann. Immerhin erfahren wir bei unserem Reporter, was Aristeas nach seinem wundervollen Verschwinden getan hat: Er wanderte los, zu den Issedonen, nach Zentralasien. Dabei musste er zuerst das Schwarze Meer teilweise umrunden, dann die Flüsse Dnepr, Don und Wolga überqueren, durch die eurasische Steppe marschieren, bis, ja – bis wohin? In der ungefähren Richtung, die Aristeas nach Herodot eingeschlagen hatte, liegen Kasachstan, die Mongolei, China und Sibirien. Und allzu genau ist die geografische Angabe „zu den Issedonen" nicht. Sie hausten östlich von den Skythen. Diese wiederum, das weiß man dank zahlreicher archäologischer Funde ziemlich genau, lebten zum Großteil in den Ebenen nördlich des Schwarzen Meeres. Es ist heute so gut wie unmöglich, das einstige Siedlungsgebiet der Issedonen zu bestimmen, doch weist einiges darauf hin, dass sie im Tarimbecken lebten, im Grenzgebiet zwischen dem heutigen Kasachstan und China. Sollte Aristeas tatsächlich bis dorthin marschiert sein, dann bewältigte er weit über 5000 Kilometer. Mehr als die Hälfte davon völlig auf sich allein gestellt, ohne sich mit den Menschen unterhalten zu können, denen er auf dem Weg begegnete.

Die östlichste griechische Kolonie war seinerzeit Tanais, das heutige Asow an der Mündung des Don in das Asowsche Meer. Darüber hinaus begegnete er vielleicht noch einige Tagesreisen lang dem einen oder anderen, der gelegentlich Handel mit den Griechen trieb und dadurch ihrer Sprache halbwegs mächtig war. Doch dann: Steppe, Berge, Wüste – und nur noch fremde Menschen, fremde Sprachen, fremde Sitten. Selbst die Seidenstraße gab es damals noch nicht und somit auch keine Karawanserei, die Unterschlupf und Schutz geboten hätte.

Die Reise scheint unvorstellbar. Aber warum eigentlich? Schließlich war Aristeas von „göttlicher Raserei" ergriffen, und er war, wie wir noch sehen werden, ein Anhänger des Apollon. Daher wäre es durchaus vorstellbar, dass er zum heiligen Volk dieses Gottes, den Hyperboreern (von ihnen wird später noch die Rede sein), wandern wollte und von vornherein ein Ziel am äußersten Rand der Welt vor Augen hatte. Mir jedenfalls gefällt die Vorstellung von einem Menschen, der sich aufmacht und losmarschiert, sei es, um seinen Gott zu finden, die Enden der Welt zu schauen oder einfach nur aus Neugierde. Die britische Wissenschaftlerin Stephanie West mutmaßt, Herodot habe sich mit dieser fantastischen Anekdote selbst einen Vorgänger erschaffen: „Es sieht so aus, als wäre Herodot geneigt gewesen, Aristeas als einen Pionier für seine eigene Art der Nachforschung zu sehen", meint die emeritierte Althistorikerin des Hertford College in Oxford. „Als jemanden, der persönlich so weit ging wie nur möglich."

Einige Elemente dieser Anekdote veranlassten Leser der „Historien" sowie manche Forscher, Aristeas mit dem Schamanismus in Verbindung zu bringen. Und tatsächlich legen die undurchsichtigen Umstände seines Verschwindens diesen Schluss nahe: Sowohl der plötzliche Tod des Aristeas in der Walkerei als auch der unmissverständliche Hinweis auf die „göttliche Raserei", von der er auf seiner Wanderung ergriffen war, könnten darauf verweisen, dass er in Trance verfallen war und in diesem Zustand handelte. Der Schamanismus, dessen Anfänge in der Steinzeit liegen, ist eine uralte Religion, wahrscheinlich die älteste überhaupt, die noch immer ausgeübt wird. Wir finden seine Anhänger heute etwa in Zentralasien und Sibirien sowie bei den indigenen Völkern Nord- und Südamerikas, aber auch bei den Gläubigen der sogenannten Naturreligionen Afrikas oder den Anhängern des Voodoo in der Karibik. Auch die Weltreligionen unserer Tage tragen Reste schamanischen Ursprungs in sich: Himmelfahrten, Reisen in die Unterwelt, Kämpfe gegen Dämonen, die aus der christlichen, jüdischen, islamischen oder hinduistischen Mythologie bekannt sind, stehen in dieser Tradition.

Naturgemäß kennt ein jahrtausendealtes und über den ganzen Erdball verbreitetes Glaubenssystem die unterschiedlichsten Ausformungen, zumal eines ohne Prophet oder einem heiligen Buch. Das erschwert es den Wissenschaftlern, den Schamanismus klar zu definieren. Eine Komponente aber ist allen Formen dieser Religion gemeinsam – der Glaube daran, dass die Seele des Schamanen im Zustand der Trance oder der Ekstase den Körper verlässt und auf Reisen geht durch Zeit und Raum. Womit wir wieder bei unserem Freund Aristeas wären. Herodot notiert nämlich noch eine weitere geheimnisvolle Begebenheit: 240 Jahre nach seinem zweiten Verschwinden sei der Reisende in der süditalienischen Stadt Metapontion, einer griechischen Kolonie, erschienen und habe die Errichtung eines Altars für Apollon befohlen, jenes Gottes, dessen Begleiter er in Gestalt eines Raben gewesen sei. Götter, (Totem-)Tiere, Zeitreisen – die Hinweise auf den Schamanismus könnten kaum eindeutiger sein. Reinhold Bichler ist sich dennoch sicher: „Ich glaube nicht, dass Aristeas selbst ein Schamane war", sagt der Althistoriker und Herodot-Experte an der Universität Innsbruck. „Aber er hatte ganz eindeutig Informationen über den Schamanismus."

DIE GROSSE GÖTTIN

„Dort feierte Anacharsis heimlich der Göttin das
Fest, ganz wie er es gesehen; die Pauke hatte er in der
Hand und heilige Figuren hatte er sich umgehängt.
Aber ein Skythe belauschte ihn und zeigte es dem
König an. Der kam, und als auch er das festliche
Gebaren des Anacharsis sah, nahm er den Bogen und
erschoss ihn.“
(Buch 4, Kapitel 76)

Reisen bildet. Anacharsis der Skythe war ein weltläufiger,
kultivierter und weiser Mann. An den südlichen Küsten des
Marmarameers in der heutigen Türkei hatte er den ekstatischen Kult der Göttermutter und Muttergöttin kennen- sowie offenbar schätzen gelernt. Er gelobte der Gottheit – das
Reisen war zu jener Zeit nämlich auch mit zahlreichen Ge-
fahren verbunden –, „wenn er gesund und wohlbehalten in
sein Heimatland zurückkäme, wolle er ihr opfern, wie er es
hier gesehen hatte“. Das bekam ihm schlecht. Heimgekehrt
unter seine Landsleute, ließ er sein Leben für die Göttin.
Denn das Reitervolk, so berichtet Herodot, verabscheute
es, fremde Bräuche anzunehmen – besonders aber wehrten
die Skythen sich „gegen hellenische Sitten“.

Der Archäologe und Skythen-Kenner Hermann Parzinger gibt dem Historiker aus Halikarnassos teilweise recht.
„Die Skythen verachteten Götter, deren Kult die Menschen
trunken und rasend machte“, bestätigt der Präsident der

Stiftung Preußischer Kulturbesitz. In diese Geringschätzung fremder Gottheiten floss allerdings auch ein gehöriges Maß an fanatischer Intoleranz ein. Dass ausgerechnet die Skythen eine derartige Abscheu gegenüber Rausch und Ekstase an den Tag legten, verwundert doch. Schließlich tranken sie, anders als griechische Zecher, selbst den stärksten Wein unverdünnt. Ja sogar dem Hanfrausch waren die Steppenreiter alles andere als abgeneigt.

Wie auch immer: Fest steht, dass Anacharsis nicht allein dafür sterben musste, eine weibliche Gottheit angebetet zu haben. Schließlich nahm Tabiti, die Göttin des Herds, einen herausragenden Platz in der Religion der Skythen ein. In diesem Punkt zumindest waren sich die Steppenreiter mit den meisten ihrer Zeitgenossen einig. Ob sie nun Isis hießen, Hathor oder Maat wie in Ägypten, Astarte, Ischtar und Inanna im Orient, Shakti oder Devi bei den Indern, Freya bei den Germanen, Kybele, Aphrodite oder Artemis in Kleinasien wie auch bei den Griechen – im Glauben der Völker des Altertums nahmen weibliche Gottheiten eine besondere Stellung ein. Sie waren Göttinnen der Liebe, der Fruchtbarkeit, der Geburt, der Jagd, und in manchen Fällen galten sie als Göttermütter.

Noch tiefer in die Kosmologie reichen die Wurzeln der kosmischen Urmütter, die als Quell allen Lebens galten. In dieser Kategorie begegnen wir etwa Eurynome, der Himmelsgöttin aus dem Schöpfungsmythos der Pelasger, der frühesten – nicht indoeuropäischen – Einwohner jenes Landstrichs, der später einmal Hellas werden sollte.

Die Göttin schuf aus dem Nichts. Eurynome erhob sich nackt aus dem Chaos und trennte das Meer vom Himmel.

Darauf formte sie aus Ophion, dem Nordwind, eine Schlange und paarte sich mit dieser. So begann dem pelasgischen Mythos nach die Schöpfung aller Dinge und Wesen.

Im Jahr 1861 veröffentlichte der Basler Jurist und Altertumsforscher Johann Jakob Bachofen sein bahnbrechendes Werk „Das Mutterrecht". Ausgehend von Mythen schloss der Schweizer, am Anfang der Menschheitsgeschichte habe eine mutterrechtliche Gesellschaft gestanden. Bachofen nannte sie Gynaikokratie, also Frauenherrschaft. Der heute gebräuchlichere Begriff lautet Matriarchat. Kurz gefasst machen drei Punkte eine solche gesellschaftliche Organisation aus: Erstens wird die Abstammung ihrer Mitglieder über die mütterliche Linie definiert, zweitens nehmen Frauen eine besondere, hervorragende Stellung im Familienverband oder Stamm ein und schließlich zeichnen sich matriarchale Gesellschaften dadurch aus, dass eine Erd- oder Urmutter als höchste Göttin eine zentrale Rolle in ihren religiösen Vorstellungen einnimmt. So diente denn auch Bachofen als Argument, dass sogenannte primitive Völker, in denen Frauen alle Autorität innehätten, zugleich eine höchste Göttin anbeten würden.

In Verbindung mit der Darwin'schen Evolutionstheorie entstand daraus die Idee, die Entwicklung der Menschheit habe ihre Anfänge in matriarchalen Gesellschaften gehabt, die später von patriarchalen Kriegern unterworfen wurden. Ende des 19., Anfang des 20. Jahrhunderts entdeckten Archäologen zahlreiche üppige weibliche Figurinen aus der Steinzeit, in Niederösterreich etwa die weltberühmte, 25 000 Jahre alte „Venus von Willendorf". Diese und ähnliche Kunstwerke interpretierten die Forscher als Darstellungen fruchtbarer Muttergottheiten.

Obgleich es zwar viele Hinweise, aber keinen einzigen tragfähigen Beweis dafür gab – und bis heute nicht gibt –, unterstellten zahlreiche Wissenschaftler einen weltweit gültigen, prähistorischen Kult der Muttergöttin oder Erdgöttin. 1921 bekam die Theorie vom Matriarchat und von der Großen Göttin erneut enormen Auftrieb. In jenem Jahr präsentierte der Archäologe Arthur Evans die mittlerweile weltberühmte Schlangengöttin aus dem Palast von Knossos einer breiten Öffentlichkeit. Gefunden hatte der Brite die rund 3600 Jahre alte Keramikstatuette bereits 1903, und schon im Jahr darauf hatte er sie in einem wissenschaftlichen Aufsatz genannt, allerdings noch als Votary (Verehrerin) einer Göttin.

Die Anmut der Fayencefigur, ihre ebenso geschmackvolle wie luxuriöse Kleidung, die sich windenden Schlangen in ihren Händen, der erotische Hauch, der sie in den Augen des modernen Betrachters umgab – all dies trug zu ihrer Prominenz bei. Zudem hatte die Idee von Kreta als einem insularen Bollwerk des Matriarchats gegen eindringende Krieger bereits eine gewisse Tradition in der damaligen Geisteswelt. Die Überlegung im Hintergrund lautete: Zu Beginn des 2. Jahrtausends v. Chr. wurden die vorwiegend mutterrechtlichen und bäuerlichen Gesellschaften des mediterranen Festlands von nomadisierenden, kriegerischen, patriarchalen indoeuropäischen Horden unterworfen. Während also in Gesellschaft und Religion ein gewaltiger Umsturz stattfand, während ein brutaler Vatergott die gütige Große Göttin von ihrem Thron stieß, hätten die

Bewohner Kretas auf ihrer geschützten Insel ihre weiblich geprägte Kultur voll entfalten können.

Es ist offensichtlich, dass im minoischen Kreta Frauen eine weit bedeutendere, möglicherweise auch mächtigere Rolle innehatten als in vielen anderen bekannten frühen und antiken Kulturen. Auf Wandmalereien im Palast von Knossos, in dem auch die Schlangengöttin gefunden wurde, überwiegen Frauendarstellungen, was durchaus der Dominanz von weiblichen Gottheiten in den religiösen Vorstellungen der Kreter entspricht. Dies lässt wiederum auf eine gänzlich andere soziale Stellung der Kreterinnen schließen als jene, die ihre Geschlechtsgenossinnen in Kulturen und Jahrhunderten danach genießen durften.

Wie intensive Forschungen mittlerweile ergaben, veränderte sich die Rolle der Frau bei den Völkern des gesamten östlichen Mittelmeerraums gegen Ende der Bronzezeit dramatisch. Dennoch fehlen bis heute eindeutige Belege für die Existenz eines Matriarchats. Sei es auf Kreta oder in Mesopotamien, sei es im Neolithikum oder in der Bronzezeit: Es gibt überzeugende, sowohl archäologisch als auch mythologisch nachvollziehbare Hinweise auf ein anderes Gesellschaftssystem – wahrscheinlich ein matriarchales, gewiss aber ein nicht eindeutig patriarchales. Doch beweisen lässt sich dies, wie bereits erwähnt, bislang nicht.

Wer also die Große Göttin herbeisehnt, halte sich an die Dichterinnen und Dichter. Etwa an die vielen mächtigen Frauen in Volksmärchen und Sagen aus aller Welt. Oder an Marion Zimmer Bradley, die unter anderem in ihrem bekanntesten Werk „Die Nebel von Avalon" uralte europäische Legenden aus weiblicher Sicht neu erzählte –

und sich dabei nach Ansicht ihrer Fans dem eigentlichen Ursprung der Erzählungen näherte. Ganz ähnlich verfuhr schon vor ihr der britisch-deutsche Gelehrte Robert von Ranke-Graves, der die Göttin in den Mythen und Märchen der Alten suchte und fand.

DER BOCK VON MENDES

„Als ich dort war, ereignete sich im Gau
von Mendes folgende wunderbare Begebenheit:
Ein Bock paarte sich öffentlich mit einer Frau.
Alle Welt erfuhr davon."

(Buch 2, Kapitel 46)

Ganz unscheinbar kommt der erste Skandal der „Historien"
daher. Eben noch erzählte Herodot davon, dass den Ägyptern in Mendes, einer Stadt im östlichen Nildelta, Ziegen
als heilige Tiere galten, „die männlichen noch mehr als die
weiblichen". Und wie im Vorübergehen schließt sein Bericht
von der Anbetung dieser Tierchen bis hin zum öffentlichen
Sex einer Frau mit einem Bock mit jenen drei knappen Sätzen, die Altertumsforscher bis heute beschäftigen. Manchen
schockieren, manchen belustigen sie. Den meisten aber geben sie Rätsel auf. So Jan Assmann: „Aus ägyptischer Sicht
ist die Sache unwahrscheinlich", meint der Heidelberger
Altmeister der Ägyptologie. „Vielleicht hat Herodot da etwas aus der Sicht des Griechen missverstanden."

In der griechischen Mythologie, wie auch in den Schöp-
fungsmythen anderer Völker, sind Erzählungen über ge-
schlechtliche Verbindungen von Tieren und Menschen keine Seltenheit. Meist sind es Götter, die sich den Menschen
in Tiergestalt nähern, wie beispielsweise Zeus, der Leda als
Schwan erschien oder Europa in der Gestalt eines Stiers.
Bei anderen Gelegenheiten aber sind es Menschen, die sich

zu Tieren hingezogen fühlen – etwa die unglückliche Gattin des kretischen Königs Minos, Pasiphae, die sich rasend in einen weißen Stier verliebte.

Allerdings hatte auch hier ein Gott die Finger im Spiel: Poseidon war erzürnt, dass der König den besagten Stier nicht, wie ursprünglich vereinbart, ihm geopfert hatte. Wie dem auch sei: Pasiphae brannte vor Verlangen nach dem stattlichen Tier und ließ sich vom genialen Erfinder Daidalos eine hölzerne Kuh bauen. In diese legte sie sich, wurde vom Stier begattet und geschwängert. Sie gebar den Minotaurus, Poseidon hatte seine Rache und Kreta musste mit dem monströsen Bastard der Königin eine Plage mehr bewältigen. Doch das ist eine andere Geschichte.

Aus der ägyptischen Mythologie aber, die doch so viele Gottheiten in Tiergestalt kennt, sind keine Legenden wie jene von Pasiphae und ihrem Stier bekannt. Und dennoch: Herodot ist nicht der Einzige, der die sexuellen Eskapaden der Mendesierinnen erwähnt. Nur wenige Jahre vor ihm schrieb der Lyriker Pindar von jener Stadt in Ägypten, „wo die Ziegen bespringenden Böcke sich mit Frauen vermischen".

Was aber ist dran an diesen Berichten? Gesichert ist immerhin, dass der Widder – in manchen Quellen ein Ziegenbock – die lokale Hochgottheit der Stadt Mendes (altägyptisch: Djedet) und ihres Gaus war. Dieser Gott wurde Ba-neb-djet, „die Seele, der Herr von Djedet", genannt. Er zeigte sich in verschiedenen Gestalten und vereinte die schöpferische Urkraft von vier Göttern in sich – Re, Schu, Geb und Osiris. Als Bock, als lebendes männliches Tier, stellte er die Verbindung der abstrakten Gottheit mit den realen, irdischen Begebenheiten her. Und geile Böcke gab es offenbar zu allen Zeiten. „Es gab in Ägypten", so Dieter Kessler, Ägyptologe an der Ludwig-Maximilians-Universität in München, „alte Vorstellungen, dass die Königin von einem Bock begattet wurde." Ein jährliches Fest mit Umzug in symbolischer Erinnerung an diesen Akt sollte als „Frühjahrswiederbelebung" dem unterägyptischen Gau von Mendes die Fruchtbarkeit erhalten. Fruchtbarkeit war im Land am Nil *das* Thema überhaupt. Der Strom überschwemmte einmal im Jahr mit seinem Hochwasser das Land und hinterließ üppigen, gedeihlichen Schlamm. Erst dieser ermöglichte das Leben im Alten Ägypten – mit dem Leben aber kam die Kultur. In einem alljährlichen, ekstatischen Festzug führten die Einwohner von Mendes einen geweihten Bock durch die Straßen. „Dabei entblößten sich die Frauen im Dienste der Fruchtbarkeit", erklärt Kessler, der Spezialist für ägyptische Tierkulte, „und daraus entwickelte sich wahrscheinlich die Legende, die Herodot wiedergibt."

Bei der Begattung der Königin durch einen Bock handelte es sich, so vermutet Kessler, wahrscheinlich um eine rein mythische Vorstellung. Dahinter stehe wohl ursprünglich die Aufgabe von König und Königin, die Fruchtbarkeit des Landes und der Viehherden zu sichern. Man stellte sich vor, der Pharao oder die Pharaonin würde sich in das entsprechende Tier verwandeln. Der Widder von Mendes wurde schließlich zu einem bedeutenden Herrschergott, zu einem Gott von königlicher Geburt.

Möglicherweise handelt es sich bei der von unserem Reporter überlieferten Anekdote aber auch um eine einmalige oder zumindest seltene Übertretung der Norm – wie bei der Geschichte vom Balsamierer auf Irrwegen, von dem später noch die Rede sein wird –, um die Ausschweifung einer einzelnen Frau also, die zufällig zeitlich mit Herodots Besuch in Ägypten zusammenfiel. Die Überlieferung zeichnet jedoch ein anderes Bild.

Philippe Derchain, Emeritus des Seminars für Ägyptologie an der Universität Köln, hat über viele Jahre alle den Widder von Mendes betreffenden Zitate gesammelt und dabei griechische und ägyptische Quellen durchforstet. In Inschriften im oberägyptischen Edfu etwa fanden sich eindeutige Passagen. „Empfange den Weihrauch, Bock der Böcke, erhabener Ejakulator, du dringst in die Schönen ein, du bringst das Ei der schwangeren Frau zum Wachsen.“ Ob die sexuelle Vereinigung von Widder und Frau rituelle und kultische Wirklichkeit war oder ob es sich um einen Mythos, eine perverse Legende, handelt, will der Experte nicht beurteilen. „Ich lehne es ab, das Altertum zu rekonstruieren“, sagt Derchain. „Wir haben die Zitate und die sind eindeutig. Mehr kann ich dazu nicht sagen.“

Es ist freilich ein großer Unterschied, ob der sexuelle Akt zwischen Tier und Mensch real stattfindet oder lediglich Teil einer mythologischen Erzählung ist. Erwin Haeberle, der langjährige Leiter des Magnus-Hirschfeld-Archivs für Sexualwissenschaft in Berlin, sieht in den betreffenden Sagen und Legenden ein Urthema der Menschheit widergespiegelt, das in vielen Kulturen zu allen Zeiten verbreitet gewesen sei. „Der Mensch erkennt mit diesen Mythen an, dass er tierischer Natur ist“, sagt der Sexologe. Erst die asketisch-monotheistischen Religionen Judentum,

Christentum und Islam, die den Menschen als Krone der Schöpfung betrachteten, hätten ein Problem mit dieser Natur und daher umso mehr auch mit zoophilen Legenden oder Akten. Das bedeute freilich nicht, dass vor Entstehung dieser Religionen die Sodomie gang und gäbe gewesen wäre.

Denn dieses reale, „problematische Sexualverhalten" sei in früheren Zeiten – nicht anders als heute – „sexualwissenschaftlich gesehen völlig unbedeutend" gewesen. Zwar sei es in manchen Ländern und Regionen, und dabei überwiegend in ländlichen Gebieten, zu sexuellen Kontakten zwischen Mensch und Tier gekommen, was durchaus auch heute noch geschehe, doch „die Zahl derer, die wirklich Erfahrungen in diesem Bereich sammeln, ist verschwindend klein".

Für die Verkünder der asketischen Religionen mit ihrem Bild vom Menschen als Krone der Schöpfung war allein schon die Vorstellung, ein Mensch könne sich mit einem Tier paaren – und sei es noch so mythisch –, absurd und abstoßend. Aus diesem Blickwinkel ist die Gesetzgebung über viele Jahrhunderte zu verstehen, die Sodomie mit der Todesstrafe ahndete. Steht doch bereits im Alten Testament: „Wenn jemand bei einem Tiere liegt. Der soll des Todes sein, und auch das Tier soll man töten." Ein Strafmaß, das auch im Abendland bis weit in die Neuzeit gültig blieb. Cotton Mather, ein Prediger, der an der legendär-hysterischen Hexenverfolgung im neuenglischen Salem Ende des 17. Jahrhunderts beteiligt war, erzählte in seinem Buch „The History of New England" von einem besonderen Fall: Ein Mann musste erst mit ansehen, wie drei Schafe, zwei

Säue, drei Färsen und eine Kuh – mit ihnen allen soll er sexuell verkehrt haben – gehängt wurden, ehe ihn dasselbe Schicksal ereilte.

Keine hundert Jahre darauf – auf Sodomie stand weiterhin die Todesstrafe – wurde Friedrich dem Großen ein Kavallerist angezeigt, den man mit seiner Stute erwischt hatte. Der Alte Fritz sah die Sache äußerst pragmatisch und schrieb einen einzigen, lapidaren Satz an den Rand der Anzeige: „Der Kerl wird zur Infanterie versetzt."

Nebenbei: In Deutschland war der sexuelle Kontakt von Menschen mit Tieren bis 1969 generell strafbar. Heute gelten in dieser Hinsicht Tierschutzgesetze, oder man wird, wenn es sich um das Tier eines anderen handelt, wegen Sachbeschädigung belangt.

IM ZEICHEN DES BUNDES

„Die Beschneidung der Geschlechtsteile geschieht
aus Reinlichkeitsgründen;
Reinlichkeit steht ihnen höher als Schönheit."

(Buch 2, Kapitel 37)

An Kaiser Elagabal (er regierte 218 – 222) ließen die Römer buchstäblich kein gutes Haar. Meuternde Soldaten seiner Leibwache erschlugen den erst 18-jährigen Imperator aus Syrien, der Mob schleifte ihn durch die Straßen Roms und warf den geschundenen Leichnam in den Tiber. Zuletzt verhängten die Senatoren, die der Kaiser einst als Sklaven in Toga verhöhnt hatte, die *damnatio memoriae* über ihn, die Auslöschung jeglichen Andenkens – eine zweifelhafte Ehre, die nur sehr wenige Cäsaren wie etwa Caligula und Nero traf.

Elagabal hatte, so berichten es drei Historiker der Antike, ausreichend Gründe für ihre Empörung geliefert. Er machte seine Paläste zu Bordellen, suchte sich die engsten Berater nach der Größe ihrer Männlichkeit aus, verhöhnte den Senat und – das wog am schwersten – versuchte, die römischen Götter durch einen orientalischen Gott, dessen Oberpriester er selbst war, zu verdrängen und letztlich wohl auch zu ersetzen. Zu allem Überdruss war dieser Syrer auch noch beschnitten – ein abscheulicher Gedanke für Römer. Derart abwegig gar, dass einer der zeitgenössischen Historiker schrieb: „Er hatte sogar geplant, seine Genitalien ganz abschneiden zu lassen, aber dieser Wunsch entstammte nur seinem weibischen Wesen."

Ganz so schrill verlief die deutsche Beschneidungsdebatte von 2012 dann doch nicht, wiewohl selbst Bundespräsident Joachim Gauck verdutzt feststellen musste, in die Diskussion habe sich ein „Vulgärrationalismus gemischt, in dem auch antisemitische und antimuslimische Einstellungen sichtbar wurden". Dabei ist doch die Beschneidung – hier sei es angemerkt: Wir sprechen ausschließlich von der Zirkumzision bei Knaben – ein gleichsam konstituierendes Element des jüdisch-christlichen Abendlands. Auch wenn das kaum noch jemand wahrhaben will. Die ältesten bildlichen Darstellungen des Rituals kennen wir aus Ägypten. Und auch Herodot schreibt überzeugt: „Die einzigen Völker, die sich beschneiden, tun es offenbar den Ägyptern nach." Der Götterhimmel Ägyptens ist freilich inzwischen längst versunken, also wenden wir uns lieber jenen Göttern zu, die heute noch von ihren männlichen Untertanen das Opfer der Vorhaut erwarten. „Jedes Knäblein, wenn es acht Tage alt ist, sollt ihr beschneiden, sei es im Haus geboren oder um Geld erkauft von irgendeinem Ausländer, der nicht deines Samens ist", trägt der grimmige Gott des Alten Testaments seinem Diener Abraham auf (der sich am Tag dieser Verkündigung im Alter von 99 Jahren ebenfalls beschneiden musste): „Also soll mein Bund an eurem Fleische sein, ein ewiger Bund." Wehe aber, wenn ein Knabe nicht beschnitten wird, denn „dessen Seele soll aus seinem Volke ausgerottet werden, weil es meinen Bund gebrochen hat". Somit war die Beschneidung bei den Juden Gesetz. Naheliegend ist natürlich, dass auch die Hebräer die Zirkumzision von den Ägyptern übernommen hatten, genauso wie viele andere Völker des Nahen Ostens. Den Griechen und Römern freilich war sie ein Gräuel, im Imperium Romanum lange Zeit gänzlich verboten. Ab der Regierungszeit des Kaisers Antoninus Pius (138 – 161) galt das Verbot allerdings nur noch für Nichtjuden und gekaufte Sklaven. Ein beschnittener Caesar wie Elagabal war da schon etwas ganz Besonderes.

Der beschnittene Messias hingegen war eine Selbstverständlichkeit. Jesus war Jude, natürlich wurde auch seine Vorhaut zum Zeichen des Bundes geopfert – nachzulesen im Lukasevangelium. Seine Jünger änderten das tatsächliche, fleischliche Opfer schon bald in das symbolische der Taufe um, ein neues Bundeszeichen. Als der Heiland auferstand, im Fleische, wie es heißt, fehlten ihm zwei Stückchen: Nabelschnur und Vorhaut. Letztere, gefeiert als *sanctum praeputium*, erfuhr über Jahrhunderte eine heute überraschende Verehrung. Über ein Dutzend Klöster und Kirchen wähnten sich im Besitz der allerheiligsten Reliquie. Die heilige Katharina von Siena (1347 – 1380) behauptete gar, Jesus habe ihr die Vorhaut als Verlobungsring geschenkt. Unabhängige Zeugen dafür gibt es keine, denn Katharina sagte auch, dass dieses wertvolle Stückchen Haut für alle anderen unsichtbar sei. Man wird's nicht überprüfen können: Zwar bewahrt die Basilika San Domenico in Siena neben dem Kopf der Heiligen auch einen ihrer Finger – allerdings den Daumen. Sollte Katharina den Ring wider Erwarten an diesem getragen haben, blieb er offenbar weiter unsichtbar. Der Theologe Leo Alliatus (1586 – 1669), ein gelehrter Mann, ortete die Vorhaut Christi sowieso ganz woanders, in himmlischen Sphären nämlich. In seinem Werk *„De Praeputio Domini Nostri Jesu Christi Diatriba"* („Vortrag über die Vorhaut unseres Herrn Jesus Christus") vertrat er die Auffassung, das Stückchen Haut sei doch mit dem Heiland in den Himmel aufgestiegen und nunmehr in Form der Saturnringe sichtbar. Überraschenderweise weiß man ausgerechnet von Mohammeds Vorhaut weniger als von der Jesu. Der Begründer des Islam, so heißt es manchmal, sei ganz ohne *praeputium* geboren oder mit einem kaum erwähnenswerten oder aber (dann also doch!) von einem Onkel beschnitten worden.

Warum aber wird überhaupt beschnitten? Der französische Arzt, Sozialist und Atheist Paul Lafargue (1842–1911) meinte: „Bei den Priesterklassen Ägyptens und Vorderasiens stellt sie wahrscheinlich die mildeste Form der scheußlichen Verstümmelungen dar, denen sie sich zu Ehren ihrer obersten Göttinnen zu unterziehen hatten. Bei den wilden Völkerschaften ist die Beschneidung eine der Zeremonien bei der Aufnahme eines Jünglings in die Kriegerklasse. Bei anderen barbarischen Völkerschaften ist sie eine religiöse Zeremonie, eine Huldigung an die immer grausame und böswillige Gottheit, der man einen Teil opfern muss, um den Rest zu erhalten."

Heute handelt es sich bei dem Ritual wohl doch eher um eine traditionelle Konvention, die mitunter auch (wie zu Herodots Zeiten) mit Reinlichkeit gerechtfertigt wird. Aber der Gedanke von einem Opfer als Zeichen des Bundes mit einem Gott bleibt dennoch.

GEFRÄSSIGE GÖTTER, BLUTIGE RITEN

„Sie schleppten den schönsten Mann der
Schiffsmannschaft nach dem Vorderdeck und
schlachteten ihn. Es galt ihnen als ein günstiges
Vorzeichen, dass der erste Hellene,
den sie gefangen hatten, ein so schöner Mann war. "

(Buch 7, Kapitel 180)

Im Herbst des Jahres 2001 erspähte ein von der Londoner Tower Bridge auf die Themse blickender Spaziergänger einen leblos im Fluss treibenden Körper. Die Entdeckung schockierte ganz Großbritannien und beschäftigt bis heute die Ermittlungsbehörden. Als der Körper geborgen war, stellte sich heraus, dass es sich um den Torso eines etwa fünfjährigen, dunkelhäutigen Jungen handelte. Kopf und Gliedmaßen waren dem Kind abgehackt worden. Ein Schauder ging durch London – und durch die britischen Medien. Drei Wochen nach der Entdeckung kamen erste Hinweise an die Öffentlichkeit, welche die Überreste des getöteten Knaben, der von Ermittlern und Presse bald den Namen „Adam" bekam, mit afrikanischen Opferriten in Verbindung brachten. Wissenschaftler hatten die wahrscheinliche Herkunft Adams auf Westafrika eingeschränkt.

Die bekannteste Form okkulter Tötungen in Afrika sind sogenannte Muti-Morde. *Umu thi* bedeutet in der Sprache der Zulu Strauch oder Baum, in Verbindung mit traditionellen Heilmethoden auch Medizin. Der Begriff an sich hat also absolut keinen verbrecherischen Gehalt, sondern bezieht sich auf die Künste der Naturheiler, Sangomas genannt, die ihre Salben und Elixiere zum Großteil aus Kräutern und Pflanzen, aber auch aus tierischem Fett, Blut oder Knochen herstellen. Kriminell wird diese traditionelle Medizin erst in ihrer extremen, okkulten Ausformung, wenn Menschen ermordet werden, um ihr Blut, ihre Haut oder ganze Körperteile als Elemente des Heilungszaubers einzusetzen.

Menschenopfer gibt es wahrscheinlich schon, seit der Mensch Götter, Geister und Dämonen fürchtet. In zahlreichen alten Kulturen wurden rituelle Tötungen praktiziert. Sie geschahen im Zusammenhang mit Kannibalismus, der aus akuter Not ausgeübt werden konnte, der aber auch im Rahmen von Totenfeiern sowie im Götterkult Bedeutung erhielt. Zur Segnung neu errichteter Gebäude brachte man Bauopfer dar. Aus mehreren nordischen Legenden sind Königsopfer nach Hungersnöten bekannt – etwa in der Sage vom schwedischen Fürsten Domalde, der nach Jahren der Missernten, als keines seiner Tier- und Menschenopfer Wirkung gezeigt hatte, sich selbst den Göttern darbrachte. Anlässlich ähnlich existenzieller Not setzten noch im Jahr 975 n. Chr. viele Isländer während einer gewaltigen Hungerkatastrophe ihre Kinder aus und stießen die Alten ins Meer, um selbst zu überleben. Andere wiederum opferten ihre Mitmenschen vorsorglich, um drohende Übel, beispielsweise Seuchen, abzuwenden.

Die klassischen Sagen des Altertums berichten auch von rituellen Tötungen für günstige Winde: So sollte Iphigenie sterben, weil wegen der Sünden ihres Vaters Agamemnon die griechischen Schiffe die Fahrt gegen Troja nicht weiterführen konnten. Achill hingegen schlachtete einen gefangenen trojanischen Jüngling – als Totenopfer am Scheiterhaufen seines im Kampf gefallenen geliebten Freundes Patroklos. Herodot und andere Autoren der Antike berichten von ähnlich blutigen Bräuchen bei Persern, Babyloniern und weiteren Völkern. Die römischen Gladiatorenkämpfe waren eine besonders „verspielte" Form der grausamen Huldigung an die Götter – sowie des Massengeschmacks zur Kaiserzeit.

Selbst den frühen Christen wurde von ihren heidnischen Nachbarn das *sacramentum infanticidii* (Kinderopfer) vorgeworfen: Sie würden, so hieß es, bei ihren nächtlichen Gottesdiensten Säuglinge schlachten, Brot in deren Blut tunken und verspeisen. Kaum hatten sich die Christen von einer unbedeutenden Sekte zu den religiösen Meinungsführern des Abendlandes aufgeschwungen, machten sie ihrerseits der jüdischen Minderheit den Vorwurf, den Heiland ermordet zu haben. Als klassisches Menschenopfer kann der Kreuzestod Christi gelten, weil dieser sich als Erlöser für den Rest der Menschheit hingab.

Im Alten Testament fordert ein gieriger Gott mehrmals die Erstgeborenen der Menschen und Tiere ein. Etwa im zweiten Buch Mose: „Heilige mir alle Erstgeburt bei den Israeliten; alles, was zuerst den Mutterschoß durchbricht bei Mensch und Vieh, das ist mein." Eine der bekanntesten Opfergeschichten des jüdisch-christlich-islamischen Kulturkreises ist aber sicher der Bericht von Abraham und seinem spät geborenen, einzigen Sohn Isaak. Gott fordert von dem alten Mann als Beweis seines unbedingten Glaubens und Gehorsams, den Jungen zu opfern. Erst als der Vater das Kind schon gefesselt hat und das Feuer für ein Brandopfer entfacht, gebietet ihm der Erzengel Gabriel im Namen Gottes Einhalt. An Isaaks Stelle darf der gleichermaßen gottesfürchtige wie gefügige Patriarch nun einen Widder schlachten. Abraham jedoch wäre durchaus bereit gewesen, seinen Sohn zu töten, um seinem Herrn die Aufrichtigkeit seines Glaubens zu bestätigen – welch ein Vater, welch ein Gott!

Bei den Kelten wurden Kriegsgefangene für den Himmelsgott Taranis verbrannt, während man die Opfer für Teutates – häufig in Mooren – ertränkte. Die spanischen Konquistadoren berichteten von den Azteken, sie hätten ihren Göttern zum Gefallen jährlich bis zu 20 000 Menschen geschlachtet. Die Zahl dürfte aus Propagandagründen übertrieben worden sein. Es bleibt aber unbestreitbar, dass der blutige Kult im Alten Amerika weitverbreitet war. Auch Kopfjagden in so weit voneinander entfernten Regionen wie Hinterindien, Taiwan oder Neuguinea dienten der rituellen Tötung von Menschen. Manchmal waren diese Gemetzel Teil des Initiationsritus an der Schwelle zum Mannesalter. In anderen Kulturen musste ein Bräutigam vor der Hochzeit erst töten, um seine Zeugungskraft als Mann zu sichern.

Das alles sind Berichte, Sagen und Befunde aus vergangenen Zeiten. Der kleine Adam hingegen wurde erst vor wenigen Jahren geopfert – und sein Schicksal ist kein Einzelfall. Allein in der Republik Südafrika etwa werden nach offiziellen Schätzungen jährlich 70 bis 100 Muti-Morde begangen. Die Dunkelziffer dürfte jedoch deutlich höher sein. Ganz zu schweigen davon, dass etwa aus Nigeria und anderen Ländern südlich der Sahara, in denen diese Rituale ebenfalls verbreitet sind, gar keine Zahlen vorliegen. Wenn sich dort jemand an einen Sangoma wendet und dieser „dem Klienten eine ‚extrem starke Muti-Medizin‘ empfiehlt, impliziert das unter Umständen die Verwendung menschlicher Körperteile", berichtet der Frankfurter Journalist und Filmemacher Oliver G. Becker, der über Jahre hinweg diesen Morden nachrecherchierte.

Nachrichten über rituelle Tötungen erreichen uns jedoch nicht allein vom Schwarzen Kontinent. Auch aus Indien kommen gelegentlich ähnlich verstörende Meldungen. Alle paar Jahre hören wir von Witwenverbrennungen nach dem Tod des Gatten. Im Januar 2004 ermordete im südlichen Bundesstaat Pradesh eine Mutter ihren dreijährigen Sohn – wahrscheinlich, weil ein Zauberer ihr für diesen Fall unerschöpfliche Reichtümer in Aussicht gestellt hatte. Im Jahr darauf verstümmelte ein Vater in Bihar an der Grenze zu Nepal seine beiden Töchter im Teenageralter als Opfergaben für die Göttin Kali.

Doch auch in Deutschland ereignen sich okkulte Bluttaten. Freilich wurzeln die Voraussetzungen und Umstände dieser Verbrechen in völlig anderen psychologischen und gesellschaftlichen Mustern. Erinnert sei an den sogenannten Satanistenmord von Witten, der im Sommer jenes Jahres geschah, in dem auch der verstümmelte Körper des kleinen Adam in der Themse trieb. Erst jetzt, mehr als ein Jahrzehnt nach seiner Entdeckung, sind Einzelheiten über den Jungen bekannt. Untersuchungen des Mageninhalts und der Lungen ergaben, dass sich das Kind vor seiner

Ermordung nur kurze Zeit in Großbritannien aufgehalten hatte. Außerdem wurden in seinem Magen Spuren von Zutaten afrikanischer Heiltränke gefunden, die in Ritualen eingesetzt werden. Im Frühjahr 2011 schließlich fand ein britisches TV-Team in Nigeria eine Frau, die Adam eine Zeit lang beaufsichtigt hatte, als er nach der Abschiebung seiner Eltern in Deutschland zurückgeblieben war. Sie übergab das Kind damals offenbar einem Schlepper, der es nach England brachte, und erfuhr erst später vom Tod des Knaben. Dieser hat nun auch wieder seinen echten Namen und eine Herkunft, und damit immerhin eine eigene – wenn auch nur kurze – Geschichte: Er hieß Ikpomwosa, war sechs Jahre alt und stammte aus Benin-Stadt in Nigeria. Sein Mörder ist weiterhin unbekannt.

KULTIGE MÄNNERFANTASIEN

„Die hässlichste Sitte der Babylonier dagegen ist folgende. Jede Babylonierin muss sich einmal in ihrem Leben in den Tempel der Aphrodite begeben, dort niedersitzen und sich einem Manne aus der Fremde preisgeben."

(Buch 1, Kapitel 199)

Wo alle Frauen Dirnen sind, ist jeder Mann ein Hurenbock. Der abendländische Blick auf den Orient war, so scheint es, über viele Jahrhunderte geprägt von anzüglichen Fantasien über frivole Frauen und ausschweifende Männer. Manchen Römern galten etwa Ägypten oder Syrien als Synonyme für sexuelle Eskapaden, den Griechen Asien im Allgemeinen, Babylonien und das Perserreich im Besonderen. Ex Oriente Lust sozusagen, im Osten ist alles möglich: warum also nicht auch ein Volk, dessen weibliche Hälfte sich samt und sonders prostituiert. Und sei es auch lediglich ein einziges Mal im Leben.

Die Übertragung geheimer Sehnsüchte auf fremde Völker ist natürlich kein ausschließlich antikes Phänomen: Exotik und Erotik bilden stets ein zugkräftiges Gespann. Die Maler des Orientalismus im 19. Jahrhundert schwelgten in Visionen sich räkelnder Haremsdamen und lasziver Tänzerinnen. Emmanuelle Arsan (mit bürgerlichem Namen eigentlich Marayat Rollet-Andriane), die erfolgreichste Romanautorin der sexuellen Revolution in den 1960er- und

1970er-Jahren, ließ ihre Protagonisten bevorzugt auf den Philippinen, in Bangkok oder auf Java dem Erotismus frönen. Bis heute steht das traditionelle Indien mit seinen Tempeln und Tänzerinnen auch für sexuelle Freizügigkeit. Und wonach die vielen deutschen Männer „in den besten Jahren" Jahr für Jahr in Thailand suchen, war Inhalt zahlreicher Reportagen und Boulevard-Magazine im Fernsehen.

Auch Herodot ließ es sich nicht nehmen, die ach so hässliche Sitte der Babylonierinnen ausführlicher zu beschreiben. Demnach würden in Babylon Frauen jeden Standes in den Gängen des Tempels der Mylitta, die er mit der griechischen Liebesgöttin Aphrodite gleichsetzt, sitzen und warten, bis ein Mann ihnen Geld in den Schoß wirft und sie auffordert, den Dienst der Gottheit anzutreten. Ganz gleich, wie hoch oder niedrig der Lohn sei, den der Fremde biete, müsse die Frau ihm folgen und sich ihm hingeben. Ehe sie nicht an die Reihe gekommen sei, dürfe keine der Babylonierinnen den Tempel wieder verlassen. Das verleitete den Vater der Geschichtsschreibung zu der süffisanten Bemerkung, „die Schönen und Wohlgeformten sind sehr schnell befreit; die Hässlichen müssen lange Zeit warten". Der Abschluss der Anekdote gerät zum wenig geschmackssicheren Altherrenwitz, und das hat seinen Grund. Herodot veröffentlichte seine schriftlichen Berichte nicht nur, er rezitierte sie auch vor Publikum – wohl ausschließlich vor männlichem. Man stelle sich vor, wie ein paar Dutzend attischer Honoratioren hinter ihren wallenden Bärten die Lippe zu einem verschmitzten Lächeln verziehen, wenn sie von den durchaus reizvollen Sitten der Barbaren erfuhren. Vielleicht würzte Herodot seine Story vom Tempelbordell mit einem kurzen Exkurs nach Lydien in Kleinasien, wo sich junge Frauen die Aussteuer angeblich als Dirnen verdienten. Niedergeschrieben hat er jedenfalls auch dies. Er war nicht der Einzige, der Prostitution in Gotteshäusern erwähnte. Rund vier Jahrhunderte nach Herodot berichtete der Geograf Strabon von Hunderten Huren, die sich im Tempel der Aphrodite in Akrokorinth anboten, der Akropolis der Stadt Korinth. Diodor, ein allerdings wenig verlässlicher Geschichtsschreiber aus dem 1. Jahrhundert n. Chr., weiß von ähnlich verruchten Einrichtungen. Gemeinsam ist den dreien allerdings, dass ihnen die pikantesten Geschichten entweder zu längst vergangenen Epochen oder zu weit entfernten Ländern einfallen. Je länger etwas her ist oder je exotischer die Region, in der es stattfindet, desto saftiger werden die Berichte in erotischer Hinsicht. Das ist aber noch lange kein Grund, ihren Wahrheitsgehalt grundsätzlich zu bezweifeln. Denn eines ist gewiss: Manche Völker hatten – und haben – einen lockereren Umgang mit der Sexualität kultiviert als andere.

Heute ist es der hedonistische Westen, der in den Augen strenggläubiger Muslime einen Ausbund an Verderbnis verkörpert. So begegnen einander der Alte Orient und das moderne Abendland in der Ausschweifung. Die Ägyptologin Betsy Brian von der Johns Hopkins University in Baltimore erforschte Schriften über Saufgelage und Sexorgien zu Zeiten der Königin Hatschepsut (sie regierte 1478 – 1458 v. Chr.), mit denen die gefährliche löwenköpfige Göttin Sachmet besänftigt werden sollte. Der amerikanischen Öffentlichkeit, oder zumindest jenem Teil, der Brians Arbeiten zur Kenntnis nahm, drängte sich umgehend das Bild der exzessiven

Spring-Break-Partys in Kalifornien, Florida, Mexiko oder in der Karibik auf – „Girls Gone Wild" in Theben quasi. Freilich sind sexuell aufgeladene Feste auch dann noch keine Tempelprostitution, wenn sie als Teil eines Gottesdienstes stattfinden. Die Notiz Herodots wurde und wird daher höchst unterschiedlich eingeschätzt. Bis heute verharmlosen zahlreiche Wissenschaftler das bei Altertumsforschern unter dem Kürzel „Klio, 199" wohlbekannte Zitat als reine Männerfantasie.

Der Heidelberger Assyriologe Stefan Maul hingegen vertritt eine differenziertere Sicht. Der Begriff Tempelprostitution sei schlicht falsch – es habe diese im Zusammenhang mit Religion und Riten nicht gegeben. „Aber bei Gelegenheit wurde der Geschlechtsakt sehr wohl in die kultische Handlung eingebunden." Herodot habe durchaus gewusst, wovon er da schrieb: „Er dürfte bei einem kurzen Besuch in Babylon von den Umständen beeindruckt gewesen sein, die er im Umfeld von Tempeln vorfand."

Gernot Wilhelm, Altorientalist an der Julius-Maximilians-Universität Würzburg, geht noch einen Schritt weiter als sein Heidelberger Kollege. Er ist davon überzeugt, dass es in den Tempeln Babyloniens tatsächlich auch Prostituierte gegeben habe. Vor einigen Jahren präsentierte Wilhelm ein Keilschrifttäfelchen aus Nuzi im heutigen Nordirak, das genau dieses zu bestätigen scheint. In dem Text, der wahrscheinlich vom Anfang des 14. Jahrhunderts v. Chr. stammt, verkündet jemand, seine Tochter „als Schuldhäftling zur Prostitution zu der Göttin Ischtar" gebracht zu haben. Offenbar war der Mann beim Tempel verschuldet und sah keine andere Möglichkeit, als das eigene Kind als Pfand dem Gotteshaus zu überlassen. Es kann sich in diesem Fall nicht um eine von der Priesterschaft lediglich geduldete Form der Prostitution handeln, sondern um eine von ihr organisierte. Schließlich soll die zukünftige Tempelhure mit dem Erlös ihrer Arbeit die Schulden des Vaters begleichen. Davon aber, dass tatsächlich jede Babylonierin sich Freiern hingeben musste, ist auch Gernot Wilhelm nicht überzeugt.

Tempelprostitution gibt es auch heute noch – und zwar in Indien, jenem Land, dessen bedeutendste Religion am ehesten jenen des Altertums ähnelt. In Südindien ist die Tradition der sogenannten Devadasis noch immer verbreitet. Ursprünglich handelte es sich bei ihnen um Tempeltänzerinnen. „Doch schon im Mittelalter standen diese Frauen den Priestern oder Aristokraten auch sexuell zur Verfügung", erläutert die Münchner Indologin Renate Syed. Besonders arme Familien weihen ihre Töchter bisweilen schon als Minderjährige verschiedenen Gottheiten und übergeben sie dem jeweiligen Tempel. Mit Erreichen der Geschlechtsreife werden diese entweder zu öffentlichen Frauen im Gotteshaus, oder aber sie werden reichen Männern, die sich der Priesterschaft gegenüber als freigiebig erwiesen haben, als Gespielinnen überlassen. Verlässt sie dieser erste „Liebhaber", bleibt den jungen Frauen meist nichts anderes übrig als der Straßenstrich. Viele Huren in den Straßen Mumbais sind ehemalige Devadasis. Eine gewisse Kama aus Kingston hat es da offenbar besser getroffen. Die Londonerin indischer Abstammung wirbt im Internet mit salbungsvollen Worten für ihre Dienste: „Ich praktiziere die hinduistische Devadasi-Religion. Männern sexuelles Vergnügen zu bereiten, ist Teil meines Glaubens."

VON VÖLKERN UND LÄNDERN

„Wenn man an alle Völker der Erde die
Aufforderung ergehen ließe,
sich unter den verschiedenen Sitten die
vorzüglichsten auszuwählen,
so würde jedes die seinigen allen
anderen vorziehen. So sehr ist jedes
Volk überzeugt, dass seine Lebensformen
die besten sind."

(Buch 3, Kapitel 38)

VERKEHRTE WELT

> *„Wie der Himmel in Ägypten anders ist als*
> *anderswo, wie der Strom anders ist als alle Ströme,*
> *so sind auch die Sitten und Gebräuche der*
> *Ägypter denen der übrigen Völker entgegengesetzt."*
> (Buch 2, Kapitel 35)

Welch wundersame Leute, diese Ägypter! Ohne Zweifel entstammen sie einer alten, ehrwürdigen Kultur, sind – auch in den Augen der Griechen – ein zivilisiertes Volk. Und doch hatten sie ganz andere Lebensgewohnheiten, Sitten und Gebräuche als die anderen Völker der Antike. Die Griechen etwa pflegten das ausgedehnte Gastmahl im Kreis von Familie und Freunden und vor allem in den eigenen vier Wänden. Die Ägypter hingegen, so erzählt es Herodot, aßen unter freiem Himmel, verrichteten aber ihre Notdurft, anders als die Hellenen, in den eigenen vier Wänden. Weil sie alles, was nicht anstößig ist, vor aller Augen zu tun pflegten, das Hässliche, wenn auch Notwendige, aber im Verborgenen. Apropos Abort: Beim Volk vom Nil urinierten die Frauen im Stehen, notiert unser Autor, die Männer aber im Sitzen. Anders als bei den Griechen webten die ägyptischen Männer zuhause die Stoffe, während ihre Frauen auf den Märkten ihre Waren feilböten. Dafür gebe es im Gegensatz zu Griechenland in Ägypten keine Priesterinnen – dies übrigens eindeutig eine falsche Information, die uns Herodot überliefert, denn selbstverständlich dienten den ägyptischen Gottheiten auch geweihte Frauen. Hellenische Priester trügen volles Haar, ägyptische scherten das ihre, rasierten sich am ganzen Körper und seien extrem reinlich. Dafür ließen die Männer im Pharaonenreich im Trauerfall Bart und Haupthaar sprießen, während man es sich anderswo abschnitt. Und wie viele Tiere diese Ägypter zu Gottheiten erhoben hätten! Fast alle seien sie heilig: angefangen von Spitzmäusen über Otter und Fische und – natürlich – Katzen bis hin zu den Krokodilen und Nilpferden sowie den Falken und Ibissen in der Luft (um hier nur einen Teil zu nennen).

Die Verarbeitung von Getreide, das Vertäuen der Segel, die Webetechniken, die Art zu rechnen und zu schreiben, schlicht alle Verrichtungen des Alltags stellt Herodot als konträr zu den eigenen, heimischen dar. Der Althistoriker Reinhold Bichler sieht darin einen literarischen Kunstgriff: „Bisweilen wird das Erzählprinzip deutlich, Symmetrie im Gegensätzlichen zu zeigen." Munter zählte Herodot allerlei Skurriles auf. Anders als bei den Sitten der Barbaren, die er seinen Landsleuten mitunter als Warnung und Kritik vor Augen hielt, dürfte der Ethnograf im Falle der Ägypter, deren alte Kultur er zu betonen nicht müde wird, eher von dem Wunsch geleitet gewesen sein, sein Publikum durch die Präsentation besonders befremdlicher, auch drolliger Eigenarten zu unterhalten. Er schuf dadurch ein Kuriositätenkabinett des *mundus inversus*, der verkehrten Welt, in der nichts den Sitten und Gebräuchen der Griechen entspricht – oder anders gesagt: in der alles Tun in den Gewohnheiten der Hellenen allein durch deren Umkehrung seine Entsprechung findet.

Diese verkehrte Welt löst sich jedoch im langen Abschnitt über Ägypten, seine Geschichte, seine Religion stellenweise von selbst wieder auf. Zu alt und ehrwürdig ist das Pharaonenreich, zu imposant sind die Kultur und die Traditionen, die es hervorgebracht hat, als dass man es etwa mit dem babylonischen vergleichen könnte, geschweige denn mit den primitiven Völkern am Rande der Welt. Und so sind denn Herodots Ägypter bei allen Eigentümlichkeiten ein hochzivilisiertes Kulturvolk, dessen Leistungen ihn und durch ihn auch seine Leserschaft staunen machen. Als der Reporter aus Halikarnassos wahrscheinlich Mitte des 5. vorchristlichen Jahrhunderts am Nil weilte und begierig Informationen sammelte, hatte das Ägyptische Reich seine besten Zeiten schon mehr oder weniger hinter sich. Und doch stand es nach 2500 Jahren voller Höhepunkte und Niederlagen, Bürgerkrieg und Fremdherrschaft, Zersplitterung und Wiedervereinigung noch immer stolz vor allen anderen Reichen – und es sollte noch fast ein halbes Jahrtausend weiter bestehen. Dieser schier ewige Fels zwischen Mittelmeer und Wüste faszinierte Herodot und fasziniert noch heute.

Der britische Ägyptologe Toby Wilkinson von der University of Cambridge führt diese Faszination hauptsächlich auf die Langlebigkeit des Pharaonenreichs zurück, das „in seiner ursprünglich konzipierten Form volle drei Jahrtausende" Bestand hatte. Das sagt sich so dahin, aber man muss sich einmal vor Augen führen, was in diesen 3000 Jahren auf Erden geschah. Hier eine kleine Revue ohne Anspruch auf Vollständigkeit: In diesem Zeitraum entstanden unter anderem ein halbes Dutzend Reiche in Mesopotamien und lösten sich wieder auf, in Athen wurde die Demokratie erfunden, gelebt und wieder verloren, Rom war gegründet und stieg zum Imperium auf, ferner erlangten etwa die Hethiter in Kleinasien oder die Etrusker in Europa Macht und Geltung und verschwanden wieder, Alexander führte seine Truppen bis an die Grenzen der Welt und starb als jugendliches Wrack, darüber hinaus kamen und gingen die ersten Reiche in China sowie Mittelamerika. Selbst das persische Reich der Achämeniden, das erste Weltreich der Geschichte, kam, sah, siegte – und verging.

Von manchen dieser welthistorischen Ereignisse konnte Herodot nichts wissen, weil sie außerhalb des Blickfelds seiner Zeit und seines Kulturkreises stattfanden, oder weil sie sich überhaupt außerhalb seiner Zeit, nämlich erst nach seinem Tod, zutrugen. Alexander war noch nicht geboren, Rom noch ein Kaff in den Sümpfen Latiums – und den Achämeniden war es zwar nicht gelungen, die Griechen zu unterwerfen, aber das Perserreich war noch immer die Großmacht im Orient. Was der Autor aber sah und erfuhr, war beeindruckend genug. Tempel, Paläste, Pyramiden und ein – heute verschollenes – Labyrinth in Gizeh, von dem Herodot schrieb: „Gewiss übertrafen schon die Pyramiden jede Beschreibung, und jede von ihnen wog viele Werke der Griechen auf, das Labyrinth aber überbietet sogar die Pyramiden." Dabei waren dies nur die monumentalen und materiellen Zeugen eines Jahrtausende währenden Reiches, die kulturellen und politischen waren nicht weniger beeindruckend – sowie teilweise auch tatsächlich fremd, ja den hellenischen in manchem entgegengesetzt.

Die antike griechische Demokratie war aus heutiger Sicht gewiss nicht perfekt, doch verglichen mit dem Gottkönigtum Ägyptens, das Toby Wilkinson eine „Despotie in Reinform" nennt, war es der Leuchtturm der Freiheit und Gerechtigkeit. „In der altägyptischen Gesellschaft beruhte die Beziehung des Königs zu seinen Untertanen nicht auf Liebe und Bewunderung, sondern auf Unterdrückung und Angst", präzisiert der britische Ägyptologe. Bereits in der Frühzeit Ägyptens erhoben sich Häuptlinge zu Königen, die bald schon für sich beanspruchten, Mittler zwischen dem Volk und den Göttern zu sein. Später wurden die Pharaonen sogar den Göttern gleichgesetzt – unterstützt von einer Propagandamaschinerie ohnegleichen, dem elitären Beamtenapparat der Schreiber. Mit Gottkönigen aber hatten die Griechen kaum jemals etwas zu schaffen, zu Herodots Zeiten schon gar nicht. Erst ein Jahrhundert später sollte Alexander sich als Sohn des Gottes Zeus-Amun titulieren und verehren lassen – natürlich unter ägyptischem Einfluss.

Selbst heute noch ist das Erbe der Ägypter nicht vergangen. Der Heidelberger Ägyptologe Jan Assmann hat über Jahrzehnte hinweg immer wieder die Spuren ägyptischen Geistes in Neuzeit und Moderne verfolgt, etwa in den Riten der Freimaurer, die sich schon in den ersten Logen gerne der ägyptischen Symbolik bedienten, oder in den Kompositionen Mozarts, der ja auch ein eifriger Freimaurer war. Auf eine andere Errungenschaft des Pharaonenreichs, die bis heute Gültigkeit besitzt, weist Toby Wilkinson hin: „Die alten Ägypter erfanden den Nationalstaat, ein Konzept, das die politischen Verhältnisse auf unserem Planeten nach fünftausend Jahren nach wie vor beherrscht."

DIE WILDEN VÖLKER AM RANDE DER WELT

*„Ich glaube aber nicht, dass es überhaupt
einäugige Menschen gibt, die im Übrigen genauso
aussehen wie andere Menschen."*

(Buch 7, Kapitel 116)

Die einen haben nur ein Auge, andere Köpfe wie Hunde,
manche schlafen die Hälfte des Jahres durch oder werden –
Männer wie Frauen – glatzköpfig geboren und bleiben es
auch ihr Leben lang. Wieder andere tragen stets schwarze
Kleidung, oder aber sie wandern auf Ziegenfüßen durch
hohe unzugängliche Berglandschaften. Es gibt Kannibalen
unter ihnen, wilde Menschen, die sich ungezügelt und vor
den Augen aller „wie die Tiere" paaren, aber auch edelmü-
tige Gemeinschaften, denen keiner ein Leid zufügt, weil sie
„Streitigkeiten bei ihren Nachbarn" schlichten.

Eines haben diese Menschen bei allen Unterschieden gemeinsam: Sie gehören zu den Völkern am äußersten Rand
der Oikumene, der bewohnten Welt also, von denen, so
Herodot, „keiner etwas Bestimmtes sagen" kann. Und sie
haben – soweit bekannt – befremdliche Sitten. Doch es ist
durchaus angebracht, sich an dieser Stelle der Reise durch
die „Historien" Herodots einen Überblick zu verschaffen.

Die Völker am Rande der Welt hatten es unserem Reporter angetan, der genauso leidenschaftlich Ethnograf
war wie Historiker. Einerseits lag sein Interesse sicherlich
daran, dass er es sich zur Aufgabe gemacht hatte, alles nur

irgendwie verfügbare Wissen über die Welt, ihre Bewohner und deren Sitten und Bräuche zusammenzutragen.

Andererseits aber war Herodot eben auch Publizist, der seine Schriften unter die Leute bringen wollte – und ein Vortragender, der sein Publikum unterhalten musste. Darüber hinaus nahm er als Intellektueller an den gelehrten Diskursen seiner Zeit teil. „Herodot beleuchtete am Beispiel der Beschreibung fremder Sitten und Kulte Probleme der religiösen Vorstellungen und der kultischen Praxis seiner eigenen Welt", erläutert der Innsbrucker Althistoriker Reinhold Bichler. „Damit kritisierte er indirekt bestimmte griechische Traditionen." Herodot bediente sich dabei gern zweier entgegengesetzter Muster des Zusammenlebens am Rande der Oikumene.

Zum einen gibt es da die frommen Völker, wie beispielsweise die groß gewachsenen und besonders schönen Aithiopen im äußersten Süden, die als edles und friedfertiges Volk nahezu in einem Paradies leben, 120 Jahre alt werden und eine Art zivilisiertes Leben führen. Zwar sind sie aus griechischer Sicht trotzdem Barbaren, aber eben „edle Wilde", die mit ihrem vorbildlichen Lebenswandel durchaus auch für Hellenen beispielgebend sein können (und sollen). Das zweite Gesellschaftsmuster, das Herodot seinem Publikum vorstellte, ist jenes der extremen Rohheit, etwa anhand jener Völker, die ihre Sexualität völlig ungezügelt ausleben, oder jener, die ihre Alten töten und verspeisen.

So verwendete der erste Reporter auch besonders gern Sexualsitten und Totenbräuche der Randvölker als Maßstab für die Wildheit einer Gesellschaft. „Zu allem, was außerhalb der gültigen, griechischen Moral liegt, scheint Herodot dabei ein fast obsessives Verhältnis zu entwickeln", führt Bichler aus. Freilich gibt es hier Abstufungen. Nicht alle Völker treiben es „wie die Tiere". Bei aller Rohheit haben es manche dieser „Barbaren" dennoch geschafft, wenigstens partiell Regeln und Normen aufzustellen, welche die viehische Freizügigkeit einschränken. So erscheint den Anwohnern des Triton-Sees in Libyen etwa die Jungfernschaft der Mädchen als hohes Gut durchaus schützenswert zu sein. Sind die Mädchen aber erst einmal erwachsene Frauen, dann gelten sie als Gemeingut. Bei den Agathyrsen, die auf der Balkanhalbinsel lebten, diente die Promiskuität sogar als quasi zivilisatorisches Element. „Sie leben in Weibergemeinschaft", berichtet Herodot, „damit alle miteinander verwandt seien und kein Neid und keine Zwietracht aufkommen können."

In dieser und ähnlichen Vorstellungen spielen freilich auch schon in der Antike diverse Männerfantasien eine Rolle. „Dabei ist eine gewisse Schäbigkeit Herodots nicht zu verkennen", merkt Bichler an. Beispielsweise dann, wenn der Berichterstatter von dem Brauch der Babylonier – anders als die Anwohner des Triton ein historisches Volk im inneren Kreis der Oikumene – erzählt, wonach jede Frau, ehe sie heiraten durfte, sich einmal im Tempel zu prostituieren hatte (s. S. 44). „Mit der Bemerkung, dass die schönen Frauen diese Aufgabe rasch hinter sich bringen, andere, weniger reizvolle jedoch wohl lange auf die Hochzeitserlaubnis warten mussten, hatte er die Lacher sicher auf seiner Seite", meint Reinhold Bichler. Man kann sich das Amüsement vorstellen, das sowohl beim überwiegend

männlichen Publikum einer von Herodots „Performances"
als auch bei der Leserschaft seiner Werke aufkam.

Der Umgang eines Volkes mit Menschenfleisch gab Herodot eine weitere Gelegenheit, den Grad seiner Barbarei zu
bestimmen. Bei den Massageten, so berichtet er, habe der
Kannibalismus noch eine rituelle Funktion (s. S. 116). Bei
diesen sei es Sitte, die Alten gemeinsam mit Kleinvieh zu
schlachten, einen Eintopf zu kochen und einen „Schmaus"
zu halten. – „Dies gilt ihnen als das glücklichste Ende."
Die Androphagen (sprich: Menschenfresser) jedoch, Nachbarn der Skythen, führten „das roheste Leben von allen
Völkern". Nicht genug damit, dass sie „keine Gesetze"
hätten, sie seien auch „das einzige Volk jener Gegend, das
Menschfleisch verzehrt".

In einem anderen Fall verknüpfte Herodot den Kannibalismus mit einem auch aus seiner Sicht zweifellos zivilisierten Volk: beim Feldzug, den der Perserkönig Kambyses
gegen die Aithiopen unternahm – und der in einem Fiasko
endete. Nach seinem Bericht verfielen die schlecht versorgten, hungrigen Soldaten in der Wüste auf einen furchtbaren
Ausweg: „Je zehn Leute bestimmten einen unter sich durch
das Los und verzehrten ihn." Die Botschaft ist klar, sie ist
ein Signal: Jedes noch so kultivierte Volk kann in Extremsituationen wieder verrohen – auch die Griechen.

Vor allem war Herodot ein Sammler von Informationen
aus nah und fern. Es stellte einen willkommenen Mehrwert
dar, wenn er dabei Erklärungen für brennende, unmittelbar
die griechische Welt bewegende Fragen lieferte. Die Skythen,
Reiternomaden aus den Steppen nördlich des Schwarzen
Meers und östlich des Ural, waren zu Herodots Zeit für die

Hellenen eine reale Bedrohung (s. S. 126). Sie waren plötzlich aufgetaucht, woher und warum wusste man jedoch nicht. Herodot versuchte die Wissenslücke zu füllen. Es gelang ihm nur bedingt: Völkerverschiebungen im Inneren Asiens hätten – nach Art einer Kettenreaktion – eine Wanderung in Gang gesetzt, die große Teile des eurasischen Steppengürtels erfasste und als deren Ergebnis Völkerschaften wie die Skythen überhaupt erst in das Blickfeld der Griechen traten. Am Anfang dieses fatalen Dominoeffekts hätten die einäugigen Arimaspen gestanden (s. S. 16).

Deren Einäugigkeit relativiert unser Reporter; doch als Auslöser einer historischen Tatsache – der plötzlichen Anwesenheit von Skythen an den griechischen Grenzen – nahm er sie zur Kenntnis. „Die Zuweisung der Randvölker zu einzelnen heute noch bekannten ethnischen Gruppen ist natürlich problematisch", sagt Althistoriker Bichler. Doch sollte man sie nicht einfach nur als Legende abtun.

„Herodot hat durchgehend so genaue Angaben zu vielen verschiedenen Völkern gemacht, dass man sie zunächst für bare Münze nehmen muss", meint Bernhard Hänsel, Ur- und Frühgeschichtler an der FU Berlin. „Freilich, je weiter er sich in seinen Beschreibungen von der bekannten Umgebung der Griechen entfernt, desto ungenauer wird auch sein Bericht." Aber eine Unterscheidung zwischen Legende und Nichtlegende unter den vom ersten Reporter vorgestellten Völkern sollte man nicht gelten lassen. Es handle sich eben lediglich um unterschiedliche Grade der Genauigkeit.

Von einem anderen Volk wusste Herodot nicht viel mehr zu berichten, als dass es das westlichste Europas sei. Unrecht hatte er damit nicht: Er meinte die Kelten.

IM REICH DER SINNE

„An vielen Völkern schifften sie vorüber und
gelangten zum Land der Ombriker.
Dort siedelten sie sich an, bauten Städte und
leben dort bis auf den heutigen Tag."
(Buch 1, Kapitel 94)

Fast zwei Jahrzehnte Hungersnot hatte das Volk der Lyder
an der Ägäisküste im Südwesten Kleinasiens schon durch-
gestanden, doch das Elend wollte noch immer kein Ende
finden. Schließlich beschloss ihr König, so erzählt es Herodot, sein Volk in zwei Gruppen aufzuteilen, und ließ das
Los entscheiden. „Die eine Hälfte sollte im Lande bleiben,
die andere auswandern." Die Emigranten wurden vom Kö-
nigssohn Tyrsenos angeführt. Erst zogen sie nach Smyrna,
das heute türkische Izmir, bauten Schiffe, beluden sie –
und stachen in See.

Schließlich landeten sie auf der italischen Halbinsel.
Dort siedelten sich die Auswanderer an und änderten ihren
Namen nach ihrem neuen König. So wurden aus Lydern an
der Westküste von Italien Tyrsener. So nannten die Griechen
sie auch noch viele Jahre später, als ihre italischen Nachbarn auf der Apenninen-Halbinsel den Neuankömmlingen
aus Kleinasien schon längst einen neuen Namen gegeben
hatten – nämlich Etrusker. Der alte Name bestand jedoch
leicht umgewandelt noch jahrhundertelang fort. Ein letzter
Rest ihres einstigen Einflusses blieb erhalten, wenn auch

nur in einer geografischen Bezeichnung: Jener Teil des Mittelmeers, der westlich der Apenninen-Halbinsel zwischen den Inseln Sardinien, Korsika und Sizilien liegt, wird heute noch das Tyrrhenische Meer genannt.

Die Eckdaten der etruskischen Geschichte sind schnell notiert: Ungefähr um 1000 v. Chr. entwickelten sie in Mittelitalien eine Ackerbaukultur. Rund 300 Jahre später entstanden daraus dort, in Etrurien, erste Stadtstaaten, die im Jahrhundert darauf ihre politische und kulturelle Blüte erlebten. Doch schon mit dem Beginn des 5. Jahrhunderts v. Chr. neigte sich die etruskische Vorherrschaft auf der Apenninen-Halbinsel dem Ende zu. Erst verloren sie bedeutende Schlachten gegen eindringende Kelten im Norden sowie gegen das italische Urvolk der Samniten im Süden. Schließlich unterlagen sie in der Seeschlacht von Kyme im Jahr 474 v. Chr. einer griechischen Flotte. Der unaufhaltsame Aufstieg Roms zur Weltmacht tat sein Übriges. Dieser Aufstieg basierte auf dem römischen Drang zur Eroberung, der militärischen Überlegenheit seiner Truppen sowie einer geschickten Eingliederungspolitik, derer sich das Imperium Romanum noch bis fast zu seinem Untergang bedienen sollte. Während der römischen Expansion auf der Apenninen-Halbinsel wurden die Völker Altitaliens, darunter auch die Etrusker, im sogenannten Italischen Bund vereint. Im Jahr 89 v. Chr. schließlich erhielten die Etrusker das römische Bürgerrecht.

Herodot erwähnte an einigen wenigen anderen Stellen seines Werks das Volk, das aus Kleinasien nach Italien gekommen war. Doch genauere Angaben über die Herkunft der Etrusker macht er keine mehr. Dafür widersprach ihm etwa viereinhalb Jahrhunderte später sein Landsmann Dionysios von Halikarnassos. Dieser, ein Geschichtsschreiber und Rhetor zur Zeit des Augustus, meinte, die Etrusker seien zweifellos ein italisches Urvolk. Die Wahrheit liegt wohl in der Mitte. „Die Etrusker erlebten das Entstehen ihrer Nation auf der Apenninen-Halbinsel", meint etwa die Wiener Etruskologin Luciana Aigner-Foresti. „Komponenten ihrer Kultur kamen jedoch sowohl aus dem Orient als auch von der italischen Urbevölkerung." So haben manche Grabhügel in Etrurien auffallende Ähnlichkeit mit den Gräbern der Lyder in Kleinasien. Felsgräber aus der Umgebung von Viterbo in Mittelitalien wiederum gleichen frappierend jenen mancher Nekropolen der Lyker im Südwesten der heutigen Türkei. Überdies sehen Wissenschaftler gewisse Parallelen zwischen der auf der einst nordägäischen Insel Lemnos verwendeten Sprache und dem Etruskischen. Darauf deuten zwei lemnische Schrifttafeln hin, deren Inschriften mit Buchstaben geschrieben wurden, welche dem etruskischen Alphabet sehr ähneln.

Ob die Tyrsener nun ein italisches Urvolk oder aber aus Kleinasien zugewanderte Abkömmlinge der Lyder waren, ist noch nicht restlos geklärt. Jedenfalls empfanden sowohl Griechen als auch Römer die Etrusker, wenn schon nicht als komplette Fremde, so doch als ziemlich befremdlich. So meinte etwa Theopomp von Chios (um 377 – 318 v. Chr.), ebenfalls ein Rhetor und Historiker: „Bei den Etruskern ist es keine Schande, es in aller Öffentlichkeit zu tun. Wenn sie genug getrunken haben, bringen ihnen die Diener manchmal Hetären, manchmal schöne Knaben, manchmal auch ihre Ehefrauen. Wenn sie ihre Lust gehabt haben, kommen kräftige junge Männer, die sich ihrerseits ihnen nähern." Davon abgesehen würden sie sich ganz allgemein Sauf- und Sexgelagen hingeben, ihre Frauen teilen und alle Kinder gemeinsam aufziehen, da die Väter sowieso nie festzustellen seien.

Die übertriebene sittliche Empörung Theopomps über die Etrusker hatte ihren Ursprung einerseits wahrscheinlich in der tatsächlich ausgesprochen lustbetonten Kultur des Volks. Es feierte beispielsweise üppige Bankette, bei welchen – undenkbar für Griechen – Männer und Frauen gemeinsam tafelten. In vielen Grabmälern Etruriens erstaunen neben den Doppelsarkophagen, auf denen das gemeinsame Mahl von Eheleuten dargestellt wird, vor allem die sinnenfrohen Darstellungen von Tänzerinnen, Athleten, Jägern, Gauklern oder auch von sexuellen Akten. Und all dies war mit einem fröhlichen Soundtrack unterlegt: Musik war im etruskischen Leben – auch das zeigen die Bilder in den Begräbnisstätten – offenbar allgegenwärtig. Auch den Weinbau kultivierten in Europa lange vor den Römern zuerst die lebensfrohen Etrusker. Ursprünglich stammt diese Kulturtechnik aus der Levante; möglicherweise auch dies ein Hinweis auf die Bande der Etrusker mit dem Orient.

Andererseits aber sollte die zweifellos übertriebene Darstellung etruskischer Ausschweifungen bei Theopomp und anderen Autoren wohl dem Ansehen eines äußerst erfolgreichen Konkurrenten am damaligen Weltmarkt schaden. Den Etruskern gelang es nämlich über eine geraume Zeit, sich auf den Schiffsrouten öfter mit geschäftlichen als mit militärischen Mitteln zu behaupten.

Bis zur heutigen Ukraine im Osten, Frankreich im Westen, Tirol und Schwaben im Norden sowie Karthago und Ägypten im Süden reichten ihre Handelsbeziehungen. Vor der Blüte der griechischen Kolonien in Süditalien und auf Sizilien im 5. Jahrhundert v. Chr. erreichten Waren ihre Käufer auf der Apenninen-Halbinsel und weiter im westlichen Mittelmeerraum allein über etruskische Zwischenhändler. Mit dem Handel verbreiteten die Etrusker auch kulturelle Vorstellungen: etwa eine modifizierte griechischen Götterwelt, das Städtewesen oder auch spezielle Praktiken der Zukunftsschau. Diese könnten übrigens einen weiteren Anhaltspunkt auf eine mögliche Herkunft dieses Volkes aus Kleinasien darstellen: Die typischen etruskischen Orakel wie Eingeweideschau oder Blitzdeutung sind sicher orientalischen Ursprungs.

Als schließlich Rom die Herrschaft über die italische Halbinsel errungen hatte und sich anschickte, die Welt zu erobern, wurden bevorzugt Etrusker als Hellseher engagiert. Wenngleich mancher aufgeklärte Römer die religiösen Vorstellungen auch mit distanzierter Ironie betrachtete. So etwa der Philosoph, Naturforscher und Dramatiker Seneca (4 v. Chr. – 65 n. Chr.): „Wir glauben, dass die Blitze durch den Zusammenstoß der Wolken entstehen; die Etrusker aber glauben, dass die Wolken zusammenstoßen, damit Blitze entstehen. Sie sind der Meinung, dass Dinge nicht etwas bedeuten, weil sie geschehen, sondern dass sie geschehen, weil sie etwas bedeuten sollen."

VOM LICHT INS DUNKEL

„Ich glaube überhaupt nicht an die Hyperboreer;
denn wenn es ein solches Volk im Norden gäbe,
müsste es auch eines im äußersten Süden geben."

(Buch 4, Kapitel 36)

Im Jahr 1938 machte sich der Kölner Zoologe Ernst Schäfer (1910 – 1992) bereits zu seiner dritten Expedition
nach Tibet auf. Dieses Mal handelte es sich jedoch um
eine Forschungsreise der besonderen Art. Schäfer leitete
eine Mannschaft der „Forschungsgemeinschaft Deutsches
Ahnenerbe", einer Einrichtung der SS, und fuhr als per-
sönlicher Beauftragter des Chefs Heinrich Himmler nach
Zentralasien. Neben strategischen Erkundungen im Einflussbereich der Sowjetunion und Großbritanniens, die er
zu leisten hatte, sollte Schäfer unter anderem nach Hinweisen auf eine „arische" Urreligion suchen. Einer der weiteren
Aufträge des Zoologen bestand darin, mit archäologischen
und anthropologischen Methoden Spuren einer erträumten
weißen Herrscherrasse aus dem hohen Norden zu finden,
die in grauer Vorzeit auf das Dach der Welt gewandert war.
Dass eine offizielle Forschungsstelle des sogenannten Dritten Reichs Aufträge dieser Art erteilte, hatte seine Wurzeln
teilweise in esoterisch-absurden Strömungen der vorangegangenen Jahrhundertwende. Davon aber später mehr.

Wenden wir uns vorerst jenen Hyperboreern zu, an die
Herodot keinesfalls glauben wollte. Der Name ihrer Hei-

mat setzt sich aus den griechischen Wörtern *hyper*, über, und *boreas*, dem Nordwind, zusammen – es handelt sich also um ein Land oberhalb oder jenseits des Nordwinds, das man sich als Insel vorstellte.

Von seinen Einwohnern berichteten in der Antike verschiedene Legenden, sie seien ausgesprochen friedlich und fromm, äßen kein Fleisch, führten keine Kriege und kannten keinen Tod – wenn sie nicht, eines allzu langen Lebens überdrüssig, den Freitod wählten.

Darüber hinaus galten sie als das heilige Volk des Lichtgottes Apollon, der ihre Hymnen schätzte und die Winter stets bei ihnen verbrachte. Ein glückliches, heiteres, unbekümmertes und beinahe göttliches Volk weit oben im Norden waren sie also, deren selige, fried- und freudenvolle Insel Fremden unzugänglich war. Außer vielleicht für Heroen wie Perseus, der sie aufsuchte, um ihre Eselsopfer und Reigentänze zu beobachten. Für Normalsterbliche aber galt, was der griechische Dichter Pindar (etwa 522 – 445 v. Chr) schrieb: „Weder zu Land noch zu Wasser wirst du den Weg zu den Hyperboreern finden."

Im Jahrhundert nach Herodot berichtete auch Pytheas von Massalia (etwa 380 – 310 v. Chr.) von einer weiteren geheimnisvollen Insel im hohen Norden. Ungefähr zur selben Zeit, in der Alexander der Große mit Waffengewalt weit in den Osten der bekannten Welt vordrang, bereiste der Mann aus der Stadt, die heute Marseille genannt wird, friedfertig die Westküste des europäischen Kontinents von der Iberischen Halbinsel bis zu den südlichen Küsten Britanniens. In seinem Werk „Über den Ozean", das uns lediglich in Teilen erhalten blieb, glücklicherweise aber über andere antike

Autoren überliefert wurde, berichtete er von einer Insel nahe der Frostzone namens „Thule". Sechs Tage Schiffsreise nördlich der Britischen Inseln liege dieses Eiland. Seither rätseln Schwärmer und Forscher, Dichter und Denker darüber, wo Thule zu lokalisieren sei. Die Vorschläge reichen von Norwegen über die schottischen Shetlandinseln bis nach Island.

Schließlich berichteten die Legenden noch von einer dritten sagenhaft reichen, enorm fruchtbaren und unvorstellbar mächtigen Insel jenseits der Säulen des Herakles, also außerhalb der Straße von Gibraltar. Es handelt sich dabei wohl um die heute bekannteste unter den dreien: Atlantis, das der Überlieferung nach so tragisch untergehen musste, da sein Volk und dessen Könige hochmütig geworden waren. Davon erzählte unter anderem der Philosoph Platon (427 – 347 v. Chr.)

Die drei geheimnisvollen Eilande gerieten mit dem Ende der Antike weitgehend in Vergessenheit. Erst mit dem Beginn der Neuzeit tauchten die Versunkenen wieder in der abendländischen Geisteswelt auf. Mal verschmolzen sie – unter verschiedenen Namen – zu einem einheitlichen Idealstaat, mal wurden sie verklärt. So schrieb der englische Gelehrte und Staatsmann Francis Bacon (1561 – 1626) mit „Nova Atlantis" eine Utopie, die ein Jahr nach seinem Tod erschien. Im 18. Jahrhundert waren dann wieder die Hyperboreer en vogue. Denn die Aufklärer versprachen Fortschritt und Vernunft – sowie aus diesen resultierend allgemeines Glück. Und welches Volk stand von alters her exemplarisch für ein besonders glückliches? – Eben! Also nannte der Nürnberger Publizist Wilhelm Ludwig Wekhrlin (1793 – 1792) am Vorabend der Französischen Revolution eine seiner zahlreichen Zeitschriften „Hyperboreische Briefe" und propagierte in ihr Vernunft, Humanität und Freiheit. Er selbst starb allerdings, mit den Nerven am Ende – unter Hausarrest.

Dann kam Friedrich Nietzsche (1844 – 1966). Der große Niederreißer der Philosophie eröffnete sein Werk „Der Antichrist" in Anlehnung an Pindar mit den Worten: „Sehen wir uns ins Gesicht. Wir sind Hyperboreer – wir wissen gut genug, wie abseits wir leben. Jenseits des Nordens, des Eises, des Todes – unser Leben, unser Glück." Wenige Zeilen darauf begann der neue Hyperboreer seinen Frontalangriff auf die christliche Kultur: „Die Schwachen und Missrathnen sollen zu Grunde gehen: erster Satz unsrer Menschenliebe."

So war aus dem lichten, friedfertigen und glückseligen Inselvolk aus der antiken Überlieferung in der Moderne ein finsteres von rücksichtslosen Übermenschen geworden. Etwa zu dieser Zeit begründete die begabte Abenteurerin Helena Blavatsky (1831 – 1891) ihre „Theosophie" genannte Lehre, in der sie Kabbala, Alchemie, Magie, Hinduismus, Gnostizismus und allerlei esoterische Geheimlehren miteinander verschmolz.

Wie einen Kometenschweif zog die Theosophie andere mehr oder weniger obskure Denkschulen nach sich, Rudolf Steiners heute noch erstaunlich einflussreiche Anthroposophie etwa war darunter. Doch die widerwärtigste Weiterentwicklung, falls dieses Wort in diesem Zusammenhang überhaupt gestattet ist, von Blavatskys Lehre war zweifelsohne die Ariosophie des Wieners Jörg Lanz von Liebenfels (1874 – 1954). Sein okkult rassistisches Weltbild gründet auf der Annahme einer nordeuropäischen Urrasse, die allen anderen Rassen überlegen gewesen sei. Die Nachkommen dieses erhabenen Urvolks – also die Arier im Allgemeinen, im Besonderen natürlich die Deutschen – seien dazu bestimmt zu herrschen. Die größte Bedrohung für die germanischen Völker erkannten die Ariosophen in der „Rassenmischung". Daher sollten weltweit Arier gezüchtet und „Rassenminderwertige" sterilisiert oder gleich vernichtet werden. Die Gedankenwelt der Ariosophen beinhaltet noch einiges, was uns hier nicht zu interessieren braucht. Ein Aspekt aber unbedingt: Als Hyperborea-Thule-Atlantis unterging, so die reichlich krude Theorie, konnte sich ein Teil der dort lebenden arischen Gottmenschen nach Zentralasien retten. Dort, genauer auf dem Dach der Welt, lebten die Nachkommen dieser entkommenen Urarier noch heute – wenn auch in unterirdischen Verstecken. Der Ideologe des Nationalsozialismus Alfred Rosenberg (1893 – 1946), selbst Mitglied einer völkisch-okkultistischen Thule-Gesellschaft, meinte, Atlantis sei mit Thule gleichzusetzen. Es sei darüber hinaus in der Nordsee – wo sonst? – zu suchen. Und – genau! – auf der versunkenen Insel liege die Urheimat der Arier.

So landen wir also wieder bei Ernst Schäfer und seiner SS-Forschungsreise auf den Himalaya. Er und seine Mitarbeiter vermaßen im Verlauf ihrer Expedition nach Tibet einigen Hundert Menschen die Schädel, fotografierten und sammelten Hakenkreuze – eigentlich Darstellungen der Swastika, einem uralten Glückszeichen, vor allem im Hinduismus und Buddhismus (jedoch auch in anderen Kulturen). Mehr gab es für die „Forscher" aus Deutschland nicht zu holen in Tibet.

Die Archäologen vom Ahnenerbe begnügten sich in der Folge mit kleinen Funden aus der Bronze- und Eisenzeit in Deutschland und den besetzten Gebieten, während sich der „Führer" Adolf Hitler ärgerte: „Nicht genug, dass die Römer große Bauten errichteten, während unsere Vorfahren noch in Lehmhütten hausten, fängt Himmler nun an, diese Lehmdörfer auszugraben und gerät in Begeisterung über jeden Tonscherben und jede Steinaxt, die er findet." Auch wenn sich keine Spuren der urzeitlichen Super-Arier entdecken ließen: Ariosophen gibt es auch heute noch – etwa in dem 1976 gegründeten neuheidnischen Armanenorden, dessen Name sich aus Ariern und Germanen zusammensetzt.

Wir aber halten uns an Herodot: An solche Hyperboreer wollen wir überhaupt nicht glauben!

EL DORADO IM OSTEN

„In dieser Sandwüste leben Ameisen,
kleiner als Hunde, aber größer als Füchse.
Diese werfen beim Bau ihrer unterirdischen
Wohnung den Sand auf. Der aufgeworfene
Sand aber ist goldhaltig, und zur Gewinnung
dieses Sandes ziehen die Inder in die Wüste. "

(Buch 3, Kapitel 102)

Das erste Zusammentreffen der griechischen mit der indischen Kultur ist ein mythisches: In grauer Vorzeit soll Gott Dionysos den Subkontinent erobert, Städte gegründet und dem Volk den Weinbau ans Herz gelegt haben. So berichteten es zumindest einige antike Geschichtsschreiber, andere nennen gar einen Berg in Indien als Geburtsort der fröhlichen Gottheit. Herodot hielt sich damit nicht auf. An anderer Stelle hatte unser Reporter schon festgestellt, dass „die äußersten Länder der Erde die kostbarsten Dinge" besitzen. Nun stellte er klar: „Die Inder sind von Osten, vom Aufgang der Sonne her, das erste Volk Asiens, das wir kennen." Unbeschreibliche Reichtümer waren also in jenem Land zu erwarten, das kaum noch ein Grieche betreten hatte, auch Herodot selbst hat den Subkontinent nie besucht. So war denn auch das Wissen der Hellenen über das orientalische El Dorado nicht besonders groß. Doch das eine oder andere erfuhr man doch. Spätestens, als sich das Achämenidenreich um 500 v. Chr. von den

Ufern des Mittelmeers im Westen bis zu jenen des Indus im Osten ausdehnte, standen auch Griechen in persischen Diensten. Die Unglücklicheren kamen als Sklaven, die Glücklicheren als Bauarbeiter, Ingenieure, Söldner oder Beamte im Dienst der orientalischen Großkönige auch mit den östlichsten Untertanen ihrer neuen Herren in Berührung – den Indern.

Zum ersten direkten Kontakt in großem Maßstab von Europäern mit Indern kam es während der Feldzüge Alexanders des Großen. Nachdem der Makedone den Persern im Eiltempo Kleinasien, Ägypten, Babylon und schließlich auch Persien abgenommen hatte, machte er sich 326 v. Chr. daran Indien zu erobern – auch wegen seiner vermuteten Reichtümer. Wobei freilich damals und für lange Zeit kein einiges Indien bestand. Dieses war eine Schöpfung des britischen Empire, das seine Kolonie einte, um sie effizienter zu beherrschen. Die Unabhängigkeitsbewegung im 20. Jahrhundert nahm die Anregung bereitwillig auf. Alexanders Unternehmen jedenfalls ließ sich zunächst ganz gut an. Die Griechen überschritten den Indus, ohne auf nennenswerte Gegenwehr zu stoßen. Nachdem sich nicht alle Fürsten des Punjab – einer heute grenzübergreifenden Region zwischen Indien und Pakistan – freiwillig unterwarfen, schlugen Alexanders Truppen diese in der äußerst verlustreichen Schlacht am Hydaspes. Der erst 30-jährige Feldherr drängte weiter, wollte bis zum Ganges vordringen, wo ein weiteres Königreich darauf wartete, erobert zu werden. Doch nach wochenlangen Gewaltmärschen bei strömendem Regen hatten Offiziere und Soldaten schließlich genug und meuterten. Widerstrebend willigte Alexander in einen kampflosen Rückzug ein. Nur drei Jahre später verstarb er in Babylon. Die mächtigsten Offiziere teilten in langwierigen Diadochenkriegen das Reich unter sich auf. Der Feldherr Seleukos sicherte sich den größten und zugleich am schwierigsten zu beherrschenden Teil, dessen östliche Grenzen sich vom heutigen Usbekistan über Afghanistan und Pakistan bis zum Indus erstreckten. Mit dem Tod seines Gründers schwand die Autorität des Seleukidenreichs. In seinem Osten entstand Mitte des 3. Jahrhunderts das Griechisch-Baktrische Königreich, das als Indo-Griechisches Königreich noch bis ins 1. Jahrhundert v. Chr. auf dem Gebiet des heutigen Pakistan bestehen sollte.

Anstalten, weiter in indisches Gebiet vorzudringen, machte jedoch keines der hellenistischen Königreiche mehr. Und auch die neue Supermacht der Antike, das Imperium Romanum nahm davon Abstand. Zwar berichtet der Historiker Cassius Dio (etwa 163 – 230) in seiner Römischen Geschichte, Kaiser Trajan hätte gegen Ende seines Lebens ganz im Sinne der *imitatio Alexandri*, der bei den römischen Cäsaren beliebten Nachahmung Alexanders, geklagt: „Ganz bestimmt würde ich auch zu den Indern fahren, wenn ich jung wäre." Doch was selbst diesem Kaiser, zu dessen Regierungszeit das Römische Reich seine größte Ausdehnung erreichte, nicht vergönnt war, unternahmen auch andere nicht. Aber das Imperium erschloss den Subkontinent – soweit möglich – wirtschaftlich. Das Land hatte eine ganze Palette an (Luxus-) Gütern zu bieten: Elfenbein, Juwelen, Perlen und auch Seide, welche indische Händler aus China importierten und weiterverkauften. Die Römer hatten ihrerseits Wein, Olivenöl, Glas und diverse Metalle im Angebot. Lange Zeit hielten arabische Kaufleute den Fernhandel zwischen der Mittelmeerregion und Indien fest in ihren Händen. Die Römer sahen sich in der Lage, sich von den Zwischenhändlern unabhängig zu machen. Die Schiffsreisen in das ferne Land am Ende der Welt waren zwar kostspielig und mit zahlreichen Risiken verbunden, doch sie lohnten sich. Ein römischer Kaufmann gab den Wert der indischen Waren, die er auf einem einzigen Schiff ins Imperium Romanum geschafft hatte, mit 1154 Talenten und 2852 Drachmen an, insgesamt 6 926 852 Drachmen. „Diese gigantische Summe hätte nach modernen Berechnungen ausgereicht, um ein Jahr lang den Lebensunterhalt von etwa 36 000 Menschen sicherzustellen", hat der Berliner Althistoriker Andreas Luther errechnet.

Die guten Geschäfte verlangten nach möglichst guten Beziehungen. Römische Händler richteten sich teilweise regelrechte Handelsstationen in indischen Häfen ein. Und offenbar nicht nur dort: Im Herbst 2011 entdeckten Archäologen vom Madras Christian College in Südindien sogar im Landesinneren Hinweise auf eine kleine römische Niederlassung. Auch die indischen Kaufleute dürften die Kontakte zu den Handelspartnern im fernen Europa geschätzt haben: Drei indische Gesandtschaften, die zwischen 26 v. Chr. und 117 n. Chr. an die Höfe verschiedener römischer Herrscher reisten, sind den Wissenschaftlern bekannt. Und offenbar blieb der eine oder andere Kaufmann des Subkontinents auch länger in der Fremde. „Im ägyptischen Hafen Berenike wurde beispielsweise ein

Grafitto in tamilischer Schrift aus dem 1. Jahrhundert n. Chr. gefunden, das offenbar von einem südindischen Händler stammt", weiß Andreas Luther.

Mit dem Untergang des Römischen Reiches in der Spätantike rissen die west-östlichen Kontakte weitgehend ab. Erst im 12. Jahrhundert erwachte in Europa wieder das Interesse. Im Jahr 1145 wurde Papst Eugen III. ein Brief von einem Priesterkönig Johannes übergeben, der östlich von Persien und Armenien über ein christliches Reich herrsche und die abendländischen Kreuzzügler im Kampf gegen die Muslime unterstützen werde. Die Epistel war eine Fälschung, der Zweite Kreuzzug fand dennoch 1147 – 1149 statt und endete aus christlicher Sicht mit einer Niederlage. Bis auf Weiteres hatten die Europäer das Interesse an dem Subkontinent verloren. Erst nachdem Vasco da Gama 1498 den Seeweg nach Indien entdeckt hatte, sicherten sich zuerst die Portugiesen, dann die Holländer und Franzosen sowie schließlich (und am erfolgreichsten) die Briten Stützpunkte und Kolonien im orientalischen El Dorado. Wie ihre Vorgänger kamen auch die Briten, genauer: die Britische Ostindien-Kompanie, als Händler. Doch schon bald setzten sie ihre Interessen auch mit Waffengewalt durch – und blieben bis zur Unabhängigkeit Indiens und Pakistans 1947.

Die Erklärung zu den Gold schürfenden Riesenameisen bin ich Ihnen, werte Leserin, werter Leser, noch schuldig: Lange Zeit galten diese als Sagentiere wie die Greife oder geflügelten Schlangen, die unser Weltenbummler aus Kleinasien auch erwähnte. Doch Ende des letzten Jahrhunderts ging Michel Peissel der Legende auf den Grund und konnte Herodots Bericht bestätigen. Zumindest war der 2011

verstorbene französische Ethnologe selbst davon überzeugt
– und seine Erklärung hört sich absolut nicht abwegig an.
Demnach handelte es sich bei den vermeintlichen Ameisen
um Murmeltiere, genauer um *Marmota himalayana*, das
Himalaya-Murmeltier. Peissel begegnete den etwa katzen-
großen Tieren beim Volk der Minaro, einem indoeuropäischen Volk im indisch-pakistanischen Grenzgebiet. Die
Angehörigen dieser nur wenige Tausend Menschen umfassenden Volksgruppe, dies konnte der französische Forscher
beobachten, gewannen tatsächlich Goldstaub aus der von
den Murmeltieren aufgewühlten Erde. – Wer immer auch
Herodots Informant gewesen sein mag: Seine Auskunft war
zwar vage, jedoch nicht unwahr.

VON FORSCHERN UND ENTDECKERN

„... auch soll das Andenken an große
und wunderbare Taten nicht erlöschen,
die die Hellenen und die Barbaren getan
haben ..."

(Buch 1, Vorrede)

AUF GROSSER FAHRT

„So fuhren denn die Phoinikier durch das
Rote Meer nach Süden fort. Im dritten Jahre bogen
sie bei den Säulen des Herakles ins
nördliche Meer ein und gelangten nach Ägypten."
(Buch 4, Kapitel 42)

Der Pharao, so scheint es, war ein Freund gewagter Projekte. Erst wollte Necho II. (610 – 594 v. Chr.) einen Kanal zwischen Rotem und Mittelmeer graben lassen. Als dieser epochalen Anstrengung kein Erfolg beschieden war, schickte er eine Flotte der in der Antike als besonders fähige Seefahrer bekannten Phönizier zur Umschiffung Libyens aus – so wurde ganz Afrika in der Antike genannt. Eine gewisse Vorstellung von Beschaffenheit und geografischer Ausdehnung des Kontinents hatte man offensichtlich damals schon. Denn Herodot notiert, der ägyptische König hätte den Seeleuten ausdrücklich aufgetragen, den Rückweg durch die Säulen des Herakles zu nehmen, also durch die Straße von Gibraltar.

Drei Jahre seien die Schiffe unterwegs gewesen, berichtet unser Historiker aus Halikarnassos. Und zwei Mal auf ihrer langen Reise hätten die Entdecker im Herbst, „an welcher Stelle Libyens sie sich nun gerade befanden", ein Winterlager errichtet. Dort hätten sie Felder bebaut und seien erst weitergefahren, als die Ernte eingeholt und somit frische Verpflegung an Bord gebracht worden war. Auch heute noch ist die Umsegelung Afrikas ein durchaus abenteuerliches, tollkühnes Unterfangen. Umso mehr war sie es aber sechs Jahrhunderte vor Christi Geburt, in einer Zeit also, in der Seeleuten weder Sextanten noch Kompasse zur Verfügung standen.

Bemerkenswert schien Herodot überdies – auch wenn er selbst, wie er beflissentlich notiert, der Aussage keinen Glauben schenkte –, dass die Männer nach ihrer glücklichen Ankunft in Ägypten erzählten, sie hätten „die Sonne auf einmal zur Rechten gehabt". Diese Aussage gilt bis heute als eindrucksvoller Beweis für die Richtigkeit des Fahrtenberichts. Denn während die Sonne auf der Nordhalbkugel zur Mittagszeit im Süden steht, befindet sie sich jenseits des Äquators auf der Südhalbkugel dagegen im Norden. Diesen unerwarteten Wandel am Firmament hatten die heimgekehrten Matrosen wohl gemeint.

In den unbekannten Gewässern um den afrikanischen Kontinent herum schipperten die phönizischen Seeleute sehr wahrscheinlich umsichtig nahe der Küste entlang. Doch bedeutet dies beileibe nicht, dass sie sich stets damit begnügten, nur Küstenschiffer zu sein. Immerhin waren die Phönizier die führende Seemacht ihrer Zeit und befuhren schon in der zweiten Hälfte des 2. Jahrtausends v. Chr. nicht nur ausgiebig den gesamten mediterranen Raum, sondern sie hatten auch schon die Straße von Gibraltar passiert, die Küste des heutigen Marokko erkundet und waren sogar bis zu den Zinnlagerstätten Nordeuropas, in der Bretagne und Cornwall, vorgedrungen. Möglicherweise hatten sich die Seefahrer aus der Levante sogar noch viel weiter auf den Atlantik hinausgewagt: bis zu den Kanaren oder Azoren etwa. Das Gerücht, sie hätten sogar die Küsten Amerikas erreicht, hält sich hartnäckig. Allerdings entpuppten sich vor einigen Jahren in Brasilien entdeckte phönizische Münzen als Fälschungen – und andere „Beweise" für das Gerücht gibt es bis heute nicht.

Das älteste bisher bekannte phönizische Schiff war ein kanaanitisches – George Bass, der amerikanische Doyen der Unterwasserarchäologie, nannte die Kanaaniter, durchaus im Einklang mit Herodot, bronzezeitliche Phönizier. Der Kahn führte Waren aus Zypern mit und sank um 1300 v. Chr. vor der Küste von Uluburun in der Südtürkei. Ein Schwammtaucher entdeckte das Wrack im Jahr 1982 in etwa 45 Metern Tiefe und meldete seinen Fund – zum Glück für die Archäologen – auch den Behörden. Zwei Jahre darauf begannen Bass und seine Mitarbeiter vom Institute of Nautical Archaeology im türkischen Bodrum (so heißt Halikarnassos, der Geburtsort Herodots, heute) mit ihren über zehn Jahre dauernden Grabungs- und Bergungsarbeiten. Das etwa 15 Meter lange und fünf Meter breite Schiff war mit etlichen Handelsgütern wie Glasbarren, Töpferwaren, Lampen, Gold, Bernsteinperlen und Keramiken beladen. Die Forscher konnten daraus wertvolle Schlüsse über den Warenverkehr zwischen Morgen- und Abendland in der Bronzezeit ziehen. Den größten Teil der Ladung machten jedoch zehn Tonnen Kupfer- und eine Tonne Zinnbarren aus – Grundstoffe der Bronzeerzeugung.

Die Fernreisen der Phönizier setzten naturgemäß eine ausgeklügelte Steuermannskunst voraus. In Landnähe bedienten sich die Levantiner der sogenannten Sichtnavigation. Das heißt, sie orientierten sich an Landmarken, auffallenden Eigenheiten im Küstenverlauf wie etwa Gebirgen oder Flussmündungen. Bei schlechter oder gänzlich fehlender Sicht auf festen Boden hingegen dienten ihnen Senkbleie an langen Tauen als wichtige Navigationsinstrumente. Durch diese Lote, welche die Seeleute vom Bug des Schiffes aus ins Meer warfen, konnten sie sowohl die Tiefe des unbekannten Gewässers ermitteln als auch Informationen über die Beschaffenheit des Meeresbodens sammeln. Auf diese Weise gelang es ihnen, die Geländeformen unter Wasser zu bestimmen, mit solchen von ihnen bekannten Gewässern zu vergleichen und auf die Struktur der nächstgelegenen Küste zu schließen.

Darüber hinaus waren die Männer von der Ostküste des Mittelmeers wahrscheinlich die Ersten, die den Nachthimmel als Navigationshilfe entdeckten: Als Himmelspol nutzten sie den Stern Kochab, einen der vier Kastensterne des Kleinen Wagens, an dessen Deichselspitze der Polarstern steht.

Um das Jahr 470 v. Chr. unternahmen übrigens die Nachkommen der Phönizier, die Punier von Karthago, einen Versuch, den afrikanischen Kontinent in entgegengesetzter Richtung zu umfahren. Hanno der Seefahrer, ein punischer Aristokrat und Admiral, rüstete nach einem nur in griechischer Übersetzung überlieferten (und heute als Teil des *Codex Palatinus Graecus* aus dem 9. Jahrhundert n. Chr. in der Universitätsbibliothek Heidelberg aufbewahrten) dreiseitigen Bericht 60 Schiffe aus, sogenannte Pentekontere (Fünfzigruderer). Diese belud er mit 30 000 Männern und Frauen, Verpflegung sowie Ausrüstungsgegenständen und fuhr durch die Straße von Gibraltar in den

Atlantik hinaus. Entlang der Westküste Afrikas in Richtung Süden schippernd, erkundeten die Punier das Festland, gründeten Siedlungen und lernten neue Völker kennen – unter anderem wilde Menschen, „überwiegend Weiber, die am ganzen Körper dicht behaart waren; die Dolmetscher nannten sie *gorillai*.

Die Flotte erreichte schließlich, so viel ist aus einigen Hinweisen im Bericht des Seefahrers Hanno herauszulesen, den Golf von Guinea, musste dann aber umkehren, „da unsere Lebensmittel zur Neige gingen".

Zwei Jahrtausende mussten nach der großen Fahrt von Pharao Nechos Phöniziern ins Land ziehen, bis sich auch europäische Seefahrer daran machten, Afrika zu umschiffen. Erst Ende des Jahres 1487 segelte der Portugiese Bartolomëu Diaz um die Südspitze des Kontinents. Nur wenige Jahre vor der Entdeckung Amerikas durch Christoph Kolumbus und wie dieser auf der Suche nach einem Seeweg nach Indien.

AN DEN QUELLEN DES SEGENS

„Über die Quellen des Nils aber wollte keiner von
denen, mit welchen ich darüber sprach,
etwas Sicheres wissen, außer in Ägypten in der Stadt
Saïs der Schreiber des heiligen Schatzes der Athene;
dieser schien mir jedoch zu scherzen."

(Buch 7, Kapitel 28)

Als ein Leben wie im Schlaraffenland beschrieb unser Reporter den Alltag der Landleute in Ägypten: Der Nil stieg regelmäßig und bewässerte und düngte ohne Zutun der Bauern die Felder. Diese wiederum schickten ihre Hausschweine über die Äcker und ließen diese die Aussaat in den fruchtbaren Boden treten. Dem Landmann blieb zuletzt nur noch, die Ernte einzuholen. Es herrschten also schier paradiesische Zustände im Land der Pharaonen, das ein Geschenk des Nil war, wie Herodot erkannte. Freilich war das Leben nicht ganz so sorglos, wie man meinen könnte. Es waren immerhin dieselben Bauern, deren Arbeit der Fluss so hervorragend unterstützte, die zur Fronarbeit beim Bau der Pyramiden, Paläste und Tempel freigestellt werden konnten. Und doch erleichterte der Fluss, der sich über Tausende Kilometer durch den afrikanischen Kontinent windet, den Ägyptern das Leben – und machte ihre Pharaonen zu sagenhaft reichen Herrschern.

Mit 6671 Kilometern neben dem Amazonas der längste Fluss der Erde, hat der Nil auch heute noch ein Einzugsgebiet von fast drei Millionen Quadratkilometern. Das entspricht etwa der achtfachen Fläche der Bundesrepublik Deutschland. Die alljährliche Flut, die alles Land an den Ufern des Stroms in fruchtbare Oasen verwandelt, die aneinandergereiht die Hälfte des Kontinents wie eine grüne Lebensader durchfurcht, verklärte den Nil in der Antike ins Mythische. So besagte der Volksglaube der Alten Ägypter etwa, dass es ihre Gottkönige persönlich seien, die als oberste Magier den Fluss ansteigen ließen. Freilich hatte bei diesem Glauben, sollte er denn tatsächlich allgemein verbreitet gewesen sein, die Propagandamaschinerie der Pharaonen, der elitäre Beamtenapparat der Schreiber, ganze Arbeit geleistet. Weniger leichtgläubige Menschen hingegen sahen in dem Strom schlicht ein geografisches Phänomen und interessierten sich schon damals für die weit weltlichere Frage nach den Quellen des so segensreichen Nil.

Herodot selbst gelangte auf seinen Reisen schließlich (und lediglich) bis zur Insel Elephantine beim modernen Assuan, nahe dem ersten Nilkatarakt – so nennt man die zahlreichen Wasserfälle und Stromschnellen auf dem Fluss. In Elephantine erfuhr er Weiteres vom Oberlauf des Stroms und über die Völker, die an seinen Ufern lebten.

Aus altägyptischen Quellen wissen wir, dass bereits kurz nach der Reichsgründung mit der Vereinigung Ober- und Unterägyptens durch den legendären Pharao Menes um 3000 v. Chr. ägyptische Truppen in südlichere Gebiete vordrangen – beflügelt vom Verlangen, Rohstoffe zu sichern und billige Arbeitskräfte, also Sklaven, zu erbeuten. Im 2. Jahrtausend v. Chr. wiederum entstand für Ägypten auf Höhe des dritten Nilkatarakts im heutigen Sudan mit dem nubischen Königreich von Kerma ein durchaus gefährlicher Konkurrent um die Vorherrschaft in Nordafrika.

Unser Mann aus Halikarnassos erfuhr noch von Meroë, der sagenumwobenen Hauptstadt der Aithiopier, in der, wie wir heute wissen, noch bis etwa 300 n. Chr. Pyramiden erbaut wurden – viele Jahrhunderte nach den ägyptischen Baumeistern. Außerdem erwähnte Herodot einen abtrünnigen Stamm im tiefen Süden, doch mehr wusste auch er nicht zu vermelden. „So ist denn der Nil südwärts von Ägypten noch über hundert Tagesreisen weit zu Wasser und zu Lande bekannt", fasste er zusammen, „vom weiteren Verlauf aber weiß niemand etwas Bestimmtes."

Mit dem Untergang der antiken Reiche erlahmte auch das Interesse an den Quellen des Nil. Die Völker an dem mächtigen Strom erfreuten sich zwar weiter an den willkommenen Überschwemmungen und dem fruchtbaren Ackerland, doch Fragen nach der Herkunft des Segens kümmerten keinen mehr. Zumindest keinen, der diese Fragen auch schriftlich festgehalten hätte. Erst nach eineinhalb Jahrtausenden brachen wieder Neugierige und Forscher auf – diesmal kamen sie aus Europa, und sie kamen zunächst mit ihrem Gott im Gepäck.

Um 1615 n. Chr. entdeckte der spanische Jesuit und Missionar Pedro Páez (1564 – 1622) den Tanasee im heutigen Äthiopien, eine der Quellen des Blauen Nil. Noch einmal eineinhalb Jahrhunderte später, im Jahr 1770, erreichte auch der schottische Afrikaforscher James Bruce (1730 – 1794) den See, umrundete ihn und beanspruchte den Ruhm als Erstentdecker fälschlich und letztlich vergeblich für sich. Bruce gebührt aber immerhin die Anerkennung dafür, im

Jahr darauf als erster Europäer dem Blauen Nil bis zu seinem Zusammenfluss mit dem Weißen Nil im Sudan gefolgt zu sein. Darüber hinaus war er nicht als Missionar, sondern als Forscher und Entdecker gekommen. Der gebildete Mann war ein Kind seiner Zeit, jener der Aufklärung, zudem ein besonders begabtes: Er beherrschte mehrere – auch orientalische und afrikanische – Sprachen und war mehr als nur bewandert in Astronomie, Geografie sowie Kartografie. Dies ermöglichte es ihm auch, die Quellen genauer zu bestimmen als der Jesuit, der vor ihm hingelangt war.

Die große Zeit der Afrikareisenden begann allerdings erst einige Jahrzehnte nach Bruces Tod. In der Mitte des 19. Jahrhunderts brachen nach und nach vor allem britische Forscher und Abenteurer nach Afrika auf, um endlich die Quellen des Nil zu finden. Richard Burton und John Speke versuchten es von 1859 bis 1863, Samuel und Flora Baker 1864, David Livingstone mehrmals zwischen 1858 und 1871, Henry Morton Stanley von 1871 bis 1877.

Sie alle – und noch zahlreiche andere – folgten dem Traum, das Geheimnis des Nil zu ergründen. Und sie alle nahmen dabei nahezu übermenschliche Strapazen auf sich. Jahrelang fern der Heimat, ohne die geringste Nachricht von den Liebsten, stets bedroht von feindlich gesinnten Eingeborenen und hungrigen Tieren, oft von Mücken, Pest und Cholera geplagt, irrten die Reisenden durch Zentralafrika – wie getrieben von Dämonen, die nicht von ihnen abließen.

„Ich muss dorthin, um zu sehen, wo die einzelnen Quellflüsse zusammenkommen, und zum Schluss alle Quellen umrunden oder das Gebiet südlich davon untersuchen", vertraute etwa Livingstone seinem Tagebuch an. „Ich möchte meine Arbeit so hinterlassen, dass niemand behaupten kann, er habe südlich von meinen Quellen noch andere gefunden." Und weiter: „Mein Traum wäre es, die versunkene Stadt Meroë zu finden, aber stattdessen habe ich fast alle meine Zähne verloren. Daran sind nur die Quellen schuld."

Noch viel schlimmer als den neugierigen Europäern erging es freilich den Hunderten Afrikanern, die ihnen als Träger und Lakaien dienten und deren Arbeitsbedingungen sich nicht maßgeblich von jenen von Sklaven unterschieden. Eine rühmliche Ausnahme im Umgang mit den Einheimischen stellte wiederum der gottesfürchtige Presbyterianer Livingstone dar, der auch seine Diener und Träger menschlich behandelte. Doch unzählige andere ließen ihr Leben im Dienst des europäischen Forschungsdrangs.

Es gelang übrigens keinem der Entdeckungsreisenden, die Quellen des Nil zu finden. Erst die Satellitentechnologie und -fotografie ermöglichten am Ende des 20. Jahrhunderts die Erkenntnis, dass die Quellflüsse des Stroms hoch im Gebirge von Burundi und Ruanda entspringen. Der Fluss durchströmt den Victoria- und den Albertsee, trifft bei Khartoum im Sudan als Weißer Nil auf den Blauen, nimmt bei der ebenfalls sudanesischen Stadt Atbara das gleichnamige Gewässer auf und fließt dann über fünf Katarakte durch die Wüste bis nach Kairo. Nördlich der ägyptischen Hauptstadt bildet er sein rund 24 000 Quadratkilometer umfassendes Delta – das entspricht etwa der Fläche Hessens – und mündet zwischen Alexandria und Damietta ins Mittelmeer.

IM ANFANG WAR DAS BROT

„Er gab einem Hirten zwei neugeborene Kinder von beliebigen Eltern. Niemand sollte mit ihnen ein Wort sprechen, in einem leeren Raum sollten sie ganz allein liegen. Psammetichos tat und ordnete dies alles deshalb an, weil er gern wissen wollte, was für ein Wort die Kinder wohl zuerst aussprechen würden."

(Buch 2, Kapitel 2)

Pharao Psammetich I. (er regierte von 664 – 610 v. Chr.), der Begründer der 26. Dynastie in Ägypten, wollte es genau wissen. Stets hatte es geheißen, das Volk am Nil sei das älteste der Welt. Dieser Behauptung befahl der König nun nachzugehen – wahrscheinlich wollte er sie bestätigt wissen. Er war wohl auch der richtige Mann dafür. Nach einer langen Phase der Wirren, der sogenannten Dritten Zwischenzeit, in der sich verschiedenste Dynastien die Macht über das Reich streitig machten, glückte ihm das Kunststück, Ägypten unter seiner Herrschaft zu vereinen. Zunächst war er zwar von den eindringenden Assyrern nur als ihr Statthalter am Nil eingesetzt worden. Als diese jedoch um die Mitte des 7. Jahrhunderts durch Aufstände in Babylonien abgelenkt waren, gelang ihm die Wiederherstellung der Unabhängigkeit Ägyptens. Vor allem während seiner Herrschaft – teilweise auch noch unter jener seiner Nachfolger aus der Saitendynastie (nach ihrem

Zentrum Sais benannt) – wurde das Reich umfassend restauriert und erlebte eine neue Blüte der Kunst, Kultur und militärischer Stärke. Bis es schließlich um 524 v. Chr. den Persern unter Kambyses zum Opfer fiel. – Das aber ist eine andere Geschichte.

Psammetich ließ also nachforschen, welches der Völker das älteste sei. Als er jedoch, so Herodot, „gar kein Mittel fand, diese Frage zu entscheiden", verfiel er auf ein ungewöhnliches und – wie mir scheint – ein ziemlich herzloses Mittel: Er ließ zwei Neugeborene von ihren Eltern rauben und übergab sie einem Hirten, der sie völlig isoliert und ohne je ein Wort mit ihnen zu wechseln aufziehen sollte. Nach zwei Jahren, als die Kinder „das Alter des Schreiens und undeutlichen Lallens" hinter sich gelassen hatten, formulierten sie ihr erstes Wort: *bekos*, phrygisch für Brot. Der Pharao hatte also die älteste, die Ursprache gefunden – und sie war leider nicht das Ägyptische.

Jahrhunderte später, das berichtete der Chronist Salimbene von Parma, soll Kaiser Friedrich II. (1194 – 1250) eine Wiederholung des Experiments veranlasst haben. Der mittelalterliche Versuch ging seiner Schilderung zufolge tragisch aus: Die Kinder starben wegen der lieblosen Umgebung, in der sie aufwachsen mussten. Allerdings gilt Salimbene nicht unbedingt als vertrauenswürdig. Als Augustinermönch machte er in seinen Schriften keinen Hehl aus seiner Abneigung gegen den Stauferkaiser, welcher bereits zu Lebzeiten seinen Feinden rund um Papst Gregor IX. als Ketzer, Freund der Muslime oder sogar als der Antichrist galt – und der schließlich gleich zweimal exkommuniziert wurde.

Auch der schottische König James IV. (1473 – 1513) soll das Experiment wiederholt haben. Das Resultat: Diesmal waren die ersten Worte der Kinder hebräisch. Das war insofern naheliegend, als man über Jahrhunderte hinweg annahm, dass sich Adam und Eva im Paradies auf Hebräisch unterhielten. Schon für die Kirchenväter stand fest, dass das Hebräische die Ursprache gewesen sein musste. So lange zumindest, bis Gott auf den hochmütigen Turmbau zu Babel mit der *confusio linguarum* reagierte, der babylonischen Sprachverwirrung. So lautet der Bericht im elften Kapitel des Buches Genesis. Allerdings hielten die Autoren der Bibel ein Kapitel zuvor noch fest, wie sich nach der Sintflut die Nachkommen über alle Länder zerstreuten: „nach ihren Sprachen in ihren Ländern". – Sicher nicht der einzige Widerspruch im Buch der Bücher.

Unter Linguisten ist bis heute umstritten, ob die Sprachen der Welt auf eine einzige Ursprache zurückzuführen sind (Monogenese) oder ob sie ähnlich wie die vielen Schriften der Menschen mehrfach und an unterschiedlichen Orten entstanden (Polygenese). Eine eindeutige, unanfechtbare Antwort auf diese entscheidende Frage werden die Wissenschaftler wohl noch lange schuldig bleiben. Mit ihren Mitteln lassen sich verlässlich höchstens ein paar Jahrtausende Sprachentwicklung rekonstruieren. Auf diese Weise wurden die rund 6000 heute auf Erden benutzten Sprachen auf 300 Ursprachen zurückgeführt und eingeteilt, manche unter ihnen als Teil von Sprachfamilien wie dem Indoeuropäischen, andere als isolierte Sprachen ohne Verwandtschaft zu anderen. Beim weltweit verbreiteten Indoeuropäischen etwa, zu dem unter anderem Indisch, Persisch, Deutsch,

Englisch sowie alle baltischen, keltischen, romanischen und slawischen Sprachen gehören, ermittelten sie die Verwandtschaft vor allem über den Vergleich von einzelnen Worten – etwa jenem der deutschen „Mutter" mit der englischen *mother*, der iranischen *mātar*, der lateinischen *mater* und der sanskritischen *mātár*. Der gemeinsame Ursprung dieser riesigen Sprachfamilie lag, darin sind sich die Forscher weitgehend einig, vor ungefähr 6000 Jahren am Balkan oder in Anatolien. Rund 3000 Jahre alte schriftliche Nachweise und etwa eine halbe Million Menschen im Nahen Osten, die es heute noch sprechen, machen indes das Aramäische (in dem auch Jesus Christus gepredigt hat) zu einer der ältesten, noch immer benutzten Sprachen der Welt.

Nun wandelt aber der anatomisch moderne Mensch schon seit mindestens 100 000, vermutlich aber noch einigen Zehntausenden Jahren mehr über den Globus. Selbst, wenn man nicht zu Unrecht annimmt, dass sich die Sprachfähigkeit erst nach und nach herausbildete, zeigt sich doch, dass die menschliche Sprachgeschichte viel länger ist, als jener winzige Abschnitt, der bisher erforscht werden konnte. Seit einigen Jahren arbeiten Wissenschaftler jedoch an neuen Methoden, um in die Tiefen der Sprachentwicklung der Menschheit vorzudringen. So stützen sich etwa Forscher vom Max-Planck-Institut für Psycholinguistik in Nijmegen bei ihrer Suche nach der Ursprache nicht auf Vokabelvergleiche, sondern auf grammatische Übereinstimmungen zwischen verschiedenen Sprachen. In Neuguinea werden beispielsweise rund 700 Papuasprachen verwendet, unter denen es kaum Wortähnlichkeiten gibt. Mit ihrer neuartigen Vorgehensweise konnten die Linguisten für manche

dieser vermeintlich isolierten Sprachen Stammbäume er-
stellen und Verwandtschaften mit anderen, ebenfalls als
isoliert geltenden nachweisen.

Solange wir von Walen und Delfinen nichts Genaueres
erfahren, bleibt der Mensch das einzige Wesen auf Erden,
dessen Kommunikation so ausgefeilt wie beschränkt ist.
Hunde etwa oder Pferde verstehen einander immer, egal,
wo sie geboren wurden, wie sie aufwuchsen. Die Sprache
des Menschen, zumindest seine Muttersprache, wird bedingt, ja bestimmt von seiner geografischen, kulturellen
und sozialen Abstammung. Vielleicht ist es die Vielfalt der
verschiedenen Völker und Sprachen, die immer wieder die
Frage nach der Ursprache aufkommen lies und noch immer Forscher wie Laien bewegt. Die Suche nach ihr führte
im Lauf der Zeit schon zu einigen – nun ja – verqueren
Überlegungen; inspiriert waren diese oft von religiösen Ge-
fühlen und Wünschen, wie etwa nach dem Hebräischen
als „Amtssprache" des Paradieses, manchmal auch von
nationalistischem Übermut. In seinem wunderbaren Werk
„Die Suche nach der vollkommenen Sprache" berichtet
Umberto Eco etwa vom schwedischen Philosophen und
Sprachforscher Andreas Kempe, der sich Ende des 17. Jahrhunderts „eine Eva ausdenkt, die von einer frankophonen
Schlange verführt wird, während Gott schwedisch spricht
und Adam dänisch".

Ganz ohne Erzählungen aus dem Paradies, aber mit
durchaus vergleichbarer wissenschaftlicher Halbwertszeit
kam Anfang des 20. Jahrhunderts die Sonnensprachthe-
orie des serbisch-österreichischen Philologen Hermann
Feodor Kvergić (1895 – 1949) daher. Dieser erläuterte in

seinem Aufsatz „La Psychologie de Quelques Éléments des Langues Turques" („Die Psychologie einiger Elemente der türkischen Sprachen"), der Urmensch habe sein Staunen und Erschauern über Naturgewalten sowie Himmelserscheinungen – vor allem über die Sonne – mit bestimmten, einfachen Silben ausgedrückt. Diese gestöhnten Urlaute meinte Kvergić in den Turksprachen seiner Epoche ausgemacht zu haben. Somit wären die ersten sprachbegabten Menschen Türken gewesen. Die damals noch junge türkische Republik nahm diese These in ihrem Bestreben, dem nationalen Selbstwertgefühl ein wissenschaftliches Fundament zu geben, zunächst bereitwillig auf. Mit dem Tod des Republikgründers Atatürk 1938 jedoch geriet die Theorie aufs Abstellgleis und schließlich ins milde Vergessen.

VON ALTEM EISEN

„Alyattes hatte Delphi einen großen,
silbernen Mischkrug geweiht und ein
Untergestell dazu von gelötetem Eisen,
ein Werk des Glaukos von Chios,
welcher unter allen Menschen die Lötung
des Eisens erfunden hat."

(Buch 1, Kapitel 25)

Das Löten ist eine sehr alte Kunst. Ganz gewiss war sie schon vor 5000 Jahren bekannt, möglicherweise sogar noch früher. Handwerker im Nahen Osten fertigten etwa Schmuckstücke, indem sie Gold, Silber und Kupfer durch Schmelzstellen miteinander verbanden. Dass es aber um 700 v. Chr. wirklich ein Glaukos von der Ägäisinsel Chios war, der sozusagen in einem handwerklichen Alleingang „die Lötung des Eisens erfunden hat", ist höchstwahrscheinlich eine Legende. Hingegen gibt es keinen Zweifel daran, dass die Verarbeitung von Eisen einen enormen Stellenwert in der Entwicklung des Materialwesens und damit auch in jener der menschlichen Zivilisation einnahm.

Als die Menschheit dieses besonders harte Metall für sich entdeckte, hatte sie es im wahrsten Sinne des Wortes mit Geschenken des Himmels zu tun. Etwa 5000 Jahre v. Chr. – also noch rund zwei Jahrtausende vor Beginn der Bronzezeit – entdeckten Sumerer und die Bewohner von Regionen, die im heutigen Iran liegen, vereinzelt Steine in der Wüste, die so aussahen wie alle anderen, doch um ein Vielfaches schwerer waren: Meteoriten aus Eisen. Das kostbare und unvergleichliche Metall, das in dieser elementaren, reinen Form sonst nicht vorkommt, verwendeten die stolzen Finder allerdings nicht im Alltag, sondern ausschließlich als Prestigeobjekt oder für zeremonielle Zwecke. Es mussten noch ein bis zwei Jahrtausende vergehen, ehe sich die Menschen im Nahen Osten auf die Verhüttung des Eisens verstanden, also auf die Kunst, das Metall aus dem Erzgestein herauszulösen.

Wie es dazu kam, ist unklar. Eine nachvollziehbare Hypothese besagt, dass die Eisenmetallurgie als Nebenprodukt der Kupfergewinnung entstanden sein könnte. Das würde bedeuten, dass Eisen dank immer erfolgreicherer Technologien gewonnen wurde. Je besser die frühzeitlichen Brennöfen wurden, desto mehr Kupfer erzeugte man. Dabei produzierten die Schmiede dank der hohen Temperaturen, die sie mit ihren Öfen erreichten, unabsichtlich auch Eisen aus zufällig mit in die Glut geschaufelten Erzen.

Freilich wurde auch dieses Eisen weiterhin ausschließlich zu besonderen Anlässen genutzt. Es war häufig sogar wertvoller als Gold. So wird beispielsweise in einem hethitischen Schreiben vom Anfang des 2. Jahrtausends v. Chr. das Angebot von acht Schekel Gold – das Gewichtsmaß entsprach etwa zwölf Gramm – für ein Schekel Eisen als unzureichend bezeichnet.

Die Hethiter kannten die Verhüttung von Eisen zwar bereits im 17. Jahrhundert v. Chr., doch die eigentliche Eisenzeit im Orient begann etwa 500 Jahre später, als sich mit dem Ende des hethitischen Großreichs die Eisenerzeugung in der gesamten Region verbreitete. Man machte sich daran, das Metall umfassend zu benutzen. Als Ausgangsmaterial dienten dabei vor allem sogenannte Raseneisensteine, die ihren Namen der Tatsache verdanken, dass sie aus Lagerstätten nahe der Erdoberfläche stammen. In oben offene Lehmöfen wurden knapp über dem Boden zwei Löcher zur Luftzufuhr gebohrt. Danach entfachten die Arbeiter mit Holzkohle Feuer und legten Raseneisensteine darauf. Sodann füllten sie die Öfen von oben in einem Verhältnis von 1:2 bis 1:3 abwechselnd mit Eisenerz und Kohle.

Ab einer Temperatur von etwa 1200 Grad Celsius begann die Schlacke flüssig zu werden und das Metall wurde zu einem porösen, schwammartigen Klumpen reduziert. Nun stachen die Erzarbeiter den Ofen an, und die glühende Schlacke – ein Abfallprodukt – floss oder rann heraus; daher auch der Name „Rennofen". War dieser abgekühlt, konnten die Handwerker ihn zerschlagen und das zu Deutsch Luppe genannte schwammige Material entnehmen. Dieses mussten sie noch einige Male bis zur Weißglut erhitzen und schmieden, dann ließ es sich weiterverarbeiten.

Lange Zeit gingen Forscher davon aus, dass die Hethiter vor allen anderen Völkern mit der Eisenherstellung begonnen hatten und sogar über ein Monopol für diese Technik verfügten. Neuere Untersuchungen, etwa jene des Archäologen und Metallurgen Ünsal Yalcin vom Bergbau-Museum in Bochum, relativieren diese Annahme inzwischen. Möglicherweise hatten schon frühere Bewohner Anatoliens die Eisengewinnung entwickelt. Doch auch wenn dieser industrielle Fortschritt nicht einem einzigen

Volk allein zugeschrieben werden kann, steht nach bisherigem Erkenntnisstand fest, dass die Eisenzeit im Zentrum und Osten der heutigen Türkei sowie in Nordsyrien ihren Anfang nahm – also im Einflussgebiet der Hethiter.

Bei Ausgrabungsarbeiten im zentralanatolischen Büyükkale wurden zahlreiche Tontafeln gefunden, die aus der Zeit des hethitischen Großreichs stammen, das sich etwa von 1320 – 1190 v. Chr. über den größten Teil Kleinasiens sowie Nordsyrien und die Levante erstreckte. Es handelt sich dabei teilweise um Inventar- und Steuerlisten, in denen neben Kupfer, Bronze, Silber und Gold auch Eisen aufgeführt wird – als Rohmaterial wie auch als Handelsgut.

Diesen Texten entnahmen die Wissenschaftler auch, dass sich der Wert des Eisens zu jener Zeit bereits gewandelt hatte. „Während Gold und Silber noch immer in Schekel angegeben werden, wird Eisen nun in Minen gewogen", sagt Yalcin. „Das bedeutet, dass Eisen in größeren Mengen gehandelt wird, denn eine Mine entspricht 60 Schekel." Und ein in großen Mengen gehandeltes Gut wurde nach den auch damals gültigen Marktgesetzen günstiger. Die Listen belegen darüber hinaus, dass das Metall an verschiedenen Orten des Reiches sowohl gewonnen als auch zu Waren verarbeitet wurde.

Einem Brief, den der Hethiterkönig Hattusili II. (1282 – 1250 v. Chr.) wahrscheinlich an einen assyrischen Herrscher schrieb, konnte der Bochumer Archäometallurge ein verblüffendes Detail entnehmen. Der König betonte in dem Schreiben, er habe augenblicklich kein „gutes Eisen", um das ihn der Adressat gebeten habe. Aus dieser Passage geht hervor, dass die Hethiter den Werkstoff offenbar schon in verschiedenen Qualitätsgraden herstellten. Vermutlich bezeichnete der Begriff „gutes Eisen" bereits eine Eisen-Kohlestoff-Legierung: Stahl. Untersuchungen, die Yalcin an einem hethitischen Schwert aus den Beständen des Ruhrlandmuseums in Essen vornahm, ergaben, dass die Anatolier zu jener Zeit auch schon einen weiteren industriellen Schritt gegangen waren. Schmiede fügten die Klinge der Waffe aus mehreren Stücken mit unterschiedlichem Kohlenstoffanteil zusammen. Ein sensationeller Befund: Auf eben dieser Technik baut die Herstellung von Damaszener Stahl auf, der bis heute noch als Grundstoff für die kostbarsten Klingen gilt.

Bis die Kenntnis von der Gewinnung und Verarbeitung von Eisen nach Mitteleuropa gelangte, sollte es noch eine ganze Weile dauern. Erst im 8. Jahrhundert v. Chr. begann mit der Hallstattkultur auch in unseren Breiten eine neue Epoche. Der Kontinent hinkte jedoch dem Morgenland auch in den folgenden Jahrhunderten in so manchen industriellen Belangen hinterher.

Um 550 v. Chr., rund ein Jahrhundert bevor Herodot den erfindungsreichen Lötmeister Glaukos erwähnte, hatten die Schmiede des Vorderen Orients die Eisentechnologie bis zu einem hohen Entwicklungsstand vorangebracht. Das von ihnen entwickelte Rennofenverfahren blieb bis ins Mittelalter der Stand der Technik. Erst im 15. Jahrhundert wurden die ersten Vorläufer von Hochöfen entwickelt, mit denen Temperaturen über 1500 Grad Celsius erreicht werden konnten, die zur Herstellung von Gusseisen nötig sind – diesmal in Europa.

GEHEIME BOTSCHAFTEN

„Der Sklave hatte bloß den Auftrag,
Aristagorus in Milet zu bitten, ihm das Haar
zu scheren und seinen Kopf
zu betrachten. Die Zeichen auf dem Kopf aber
mahnten zum Abfall."

(Buch 5, Kapitel 35)

Da sich die zitierte Episode als bedeutend für die Perserkriege erwies, von denen Herodot bei allen Nebensträngen,
Anekdoten und Betrachtungen eigentlich berichtet, erlaube
ich mir, hier auch einmal auszuschweifen, bevor ich zum Thema komme. Eigentlich war Histaios ein Freund der Perser. Um
520 v. Chr. wurde er in Ionien geboren. Schon ein paar Jahre
zuvor hatte der persische Reichsgründer und Großkönig
Kyros Kleinasien seinem gewaltigen Herrschaftsgebiet ein-
verleibt. Wie und warum, ist nicht überliefert, doch gehörte
Histaios im Mannesalter zu jenen vornehmen Hellenen, die
der Perserkönig – inzwischen saß Dareios I. auf dem Thron –
als Verbündete und Statthalter betrachtete. Er wurde als
Tyrann von Milet eingesetzt, einer Stadt an der Ägäisküste
der heutigen Türkei. Nachdem er dem persischen Heer am
Ende eines missglückten Feldzugs gegen die Skythen jenseits
der Donau durch eine List auch noch den sicheren Rückzug
ermöglicht hatte, gestattete ihm Dareios, mit Myrkinos in
Thrakien eine neue Stadt zu gründen. Bald aber wurde
dem König die Hausmacht zu gefährlich, die sich der Ionier

nach und nach aufbaute. Also berief er ihn als Ratgeber und Tischgenossen an seinen Hof im persischen Susa – mit freundlichen Worten zwar, aber letztlich in einen goldenen Käfig. Die Stelle als Tyrann in Milet bekam anstelle des Histaios sein Schwiegersohn Aristagoras.

Schlecht ging es dem einberufenen Ex-Tyrannen am prächtigen Hof des Dareios sicher nicht, seines Lebens wollte er sich dennoch nicht freuen, so fern der Heimat und der (eigenen) Macht. Da er zudem wusste, dass sich in Ionien Unzufriedenheit mit der persischen Besatzung breitmachte, wollte er seinen Schwiegersohn zum Aufstand ermutigen. Aber wie? Das Straßennetz des Perserreichs war zwar exzellent, wurde aber auch exzellent überwacht. Einen Brief konnte Histaios keinesfalls schicken. So kam er auf die Idee, einem Sklaven die Haare zu rasieren und die Nachricht auf den Kopf zu tätowieren. Sobald die Haare nachgewachsen waren, wurde der Mann losgeschickt und kam wohlbehalten bei Aristagoras an. Kaum hatte der Schwiegersohn den Aufruf zum Abfall vernommen, legte er los – der ionische Aufstand nahm seinen Lauf. Eine etwas umständliche und doch effektive Form der geheimen Nachrichtenübermittlung. Herodot erwähnt zwei weitere Geheimbotschaften: Eine wurde unter das Fell eines erlegten Hasen geschoben und von einem als Jäger verkleideten Boten überbracht, die andere auf eines der damals üblichen mit Wachs überzogenen Schrifttäfelchen geschrieben – allerdings nicht in das dafür vorgesehene Wachs, sondern in das Holz darunter.

Im Krieg und in der Diplomatie ist zwar nicht alles, aber doch sehr viel erlaubt. Die Übermittlung von Nachrichten, die der Feind oder der gegnerische Verhandlungspartner keinesfalls kennen sollte, auf unscheinbaren oder gar unsichtbaren Wegen, gehört auf jeden Fall dazu. Die Art der versteckten Botschaft, wie sie Herodot in seinen Beispielen anführte, sind Beispiele für die Steganografie, dem verdeckten (*steganos*) Schreiben (*graphein*). Das antike Griechenland kannte aber auch schon die Kryptografie (*kryptos*: verborgen), bei der die Nachricht nicht versteckt wird, sondern offen daliegt, jedoch von Uneingeweihten nicht gelesen werden kann. Dazu verwendeten die Hellenen die Skytale, einen Stock, um dessen gesamte Länge ein Stoff- oder Lederband gewunden wurde, das man dann längs mit der Botschaft beschrieb. Wickelte man das Band wieder ab, waren für den Uneingeweihten nur noch zusammenhanglose Buchstaben zu erkennen. Der Empfänger der geheimen Nachricht hingegen hatte jedoch einen Stock mit dem gleichen Umfang wie der des Senders – der Umfang ist in diesem Fall der Schlüssel des Codes. Er konnte das Band nun seinerseits um seine Skytale winden und die Botschaft lesen. Herodot scheint dies zwar entgangen zu sein, doch der römische Historiker Cornelius Nepos schrieb in seiner im 1. Jahrhundert v. Chr. verfassten Lebensbeschreibung des spartanischen Heerführers Pausanias, dieser hätte eine solche Skytale bereits in den Perserkriegen eingesetzt.

Der römische Feldherr und Staatsmann Gaius Julius Caesar entwickelte sein eigenes kryptografisches System, behauptete zumindest der römische Kaiserbiograf Sueton. „Wollte jemand hinter die Nachricht kommen und sie fließend lesen", erläuterte sein Biograf „so muss er den drittnächsten Buchstaben des Alphabets, nämlich D für A austauschen, Entsprechendes gilt für den Rest des Alpha-

bets." Verschlüsselt wird beispielsweise aus „Herodot"
nach diesem Verfahren „Khurgrw". Es handelt sich dabei
um keine besonders komplizierte Chiffre. Aber solange nur
der Empfänger den Schlüssel kennt – und solange sich die
grundsätzliche Idee dieser Art von Verschlüsselung noch
nicht herumgesprochen hat –, ist sie durchaus wirkungs-
voll. Hat man jedoch das Prinzip erkannt, sind solche Codes
relativ leicht zu knacken.

Mit der Zeit wurden die Chiffren und Codes freilich
komplizierter. Herzog Rudolf IV. von Österreich (1339 –
1365) soll höchstpersönlich einen gewaltigen Schritt in der
Kunst der Kryptografie initiiert haben. Caesars System war
vor allem deshalb leicht zu durchschauen, weil in jeder
Sprache bestimmte Buchstaben häufiger verwendet werden
als andere – in deutschen Texten findet man beispielsweise
das E oft, das Q hingegen höchst selten. Wollte man also
einen deutschen chiffrierten Text entschlüsseln, ersetzte
man den am häufigsten auftretenden Buchstaben durch E
und hatte immerhin schon eine Ahnung. Beim *Alphabetum
Kaldeorum*, jener Geheimschrift, die der österreichische
Herzog erfunden haben soll, werden jedoch häufig verwendete Buchstaben durch zwei oder drei verschiedene
Symbole ersetzt – verblüffenderweise aber nicht das E. Ob
Rudolf die Chiffre tatsächlich selbst erfunden hat, ist nicht
sicher, er dürfte sich ihrer aber bedient haben. Auf seiner
Grabplatte im Wiener Stephansdom sind sein Name und
seine Titel verschlüsselt verewigt worden. Wir wissen das,
da das *Alphabetum* längst entschlüsselt wurde.

Ganz anders verhält es sich bei dem Voynich-Manu-
skript, einer Handschrift aus dem frühen 15. Jahrhundert,

an der sich seit ihrem Wiederauftauchen vor über 100 Jahren eine ganze Reihe von Kryptologen, Sprachwissenschaftlern, Mathematikern, Botanikern und diversen anderen Forschern die Zähne ausgebissen haben. Benannt sind die mehr als einhundert handgeschriebenen und illustrierten Pergamentseiten nach dem polnisch-amerikanischen Bibliophilen und Antiquar Wilfrid Michael Voynich, der sie 1912 wiederentdeckte und erwarb. Die mit wenig künstlerischem Eifer und doch bezaubernd ausgeführten Zeichnungen sind vorwiegend botanischer aber auch anatomischer und astronomischer Natur. Sternzeichen sind abgebildet und badende Frauen und eine Menge Pflanzen, die bislang trotz bestehender Ähnlichkeiten zu bekannten Arten nicht eindeutig klassifiziert werden konnten. Das größte Rätsel aber gibt die Schrift auf, in der die Abhandlung, oder was auch immer das Manuskript darstellen sollte, geschrieben wurde. Immerhin sind sich die Experten inzwischen weitgehend darüber im Klaren, dass es sich tatsächlich um einen zusammenhängenden Text handelt – darauf wiesen auch statistische Untersuchungen der verwendeten Schriftzeichen hin. In welcher Schrift und Sprache dieser geschrieben wurde, bleibt vorerst jedoch noch offen.

Eine enorme Entwicklung machte die Technik des Chiffrierens und Dechiffrierens im 20. Jahrhundert durch, vor allem während des Zweiten Weltkriegs. Als etwa der US-Kryptologe William Friedman den japanischen PURPLE-Code noch vor dem Kriegseintritt der USA knackte oder polnische Kryptoanalysten gemeinsam mit britischen Mathematikern und Geheimdienstleuten die deutsche ENIGMA entschlüsselten. Nach dem Weltkrieg und vor allem mit dem Beginn des Computerzeitalters eröffneten sich dann Möglichkeiten zur Übermittlung geheimer Botschaften, von denen die Heimlichtuer früherer Epochen nicht einmal zu träumen wagten.

Sie fragen nach Histaios, der Bedeutung seiner Tat und dem Grund für mein anfängliches Abschweifen? – Im ionischen Aufstand geschahen zwei Dinge, die der Perserkönig keinesfalls hinnehmen konnte: Zum einen wurden während der Rebellion persische Tempel geschändet, zum anderen aber – und das dürfte noch schwerer gewogen haben – erhielten die kleinasiatischen Hellenen Unterstützung von den sogenannten Festlandgriechen, was einer Kriegserklärung gleichkam. Und damit begannen die Perserkriege der Griechen, von denen Herodot ja bei allen Nebensträngen, Anekdoten und Betrachtungen eigentlich berichtet.

VOM FEIERN UND TRAUERN

„… denn wer an einer Krankheit stirbt, wird nicht verzehrt, sondern begraben, und man hält es für ein Unglück, dass er nicht dazu gelangt ist, geschlachtet zu werden."

(Buch 1, Kapitel 216)

LOTOS, HANF UND MOHN

„Die Körner von diesem Hanf nehmen also die
Skythen, kriechen damit unter die Filzdecke und
legen die Körner auf jene glühenden Steine.
Sie fangen an zu rauchen und erzeugen einen so star-
ken Dampf, dass kein hellenisches Schwitzbad dies
Dampfbad übertrifft. Die Skythen werden so froh
dabei, dass sie laut heulen.“
(Buch 4, Kapitel 75)

Plötzlich war es Mode: In der ersten Hälfte des 19. Jahrhunderts entdeckten europäische Künstler und Schriftsteller die
orientalischen Drogen Haschisch und Opium. Der deutsche Parade-Romantiker Novalis, der britische „Opium-
esser“ Thomas De Quincey und der französische Dichter
des Bösen Charles Baudelaire waren die Ersten in einer ganzen Reihe von experimentierfreudigen Dichtern, die sich
den „künstlichen Paradiesen“ dieser Stoffe hingaben. Dass
ihnen oder ihren Nachfolgern indes die lange abendländische Geschichte dieser bewusstseinsverändernden Rauschmittel bekannt war, wage ich zu bezweifeln. Sie lernten
sie als exotische Drogen kennen, die aus fernen Ländern,
auf Umwegen in die europäischen Metropolen gebracht
wurden. Erst im Rahmen der Handelsbeziehungen mit dem
Nahen und Fernen Osten, später mit der Kolonisierung großer Teile Nordafrikas durch Frankreich sowie Indiens und
weiter Landstriche Südostasiens durch das britische Empire

kehrten die Zaubermittel damals zurück nach Europa. Dabei wurden auf unserem Kontinent sowohl Cannabis, also Hanf, als auch der Schlafmohn schon in vorgeschichtlicher Zeit als berauschende Substanzen genutzt und geschätzt.

Herodot erwähnt die Nutzung des Hanfs als Rauschmittel lediglich zweimal – und beide Male mit Bezug auf die Skythen und andere Reiternomaden der eurasischen Steppe. Archäologische Funde weisen jedoch darauf hin, dass die Droge zur Zeit des Historikers längst auch schon in europäischen Ländern beliebt war. So wurde beispielsweise in einem Komplex von Hügelgräbern in Rumänien eine sogenannte Pfeifentasse entdeckt, die verkohlte Hanfsamen enthielt. Dabei handelt es sich um ein Tongefäß aus dem 3. Jahrtausend v. Chr.! Der bislang früheste Hinweis auf die Verbreitung des Stoffs in Mitteleuropa fand sich – ebenfalls in einem Grabhügel – in Süddeutschland. Im baden-württembergischen Hochdorf (Kreis Ludwigsburg) entdeckten Archäologen das „Grab des Keltenfürsten" aus der jüngeren Hallstattzeit. In der Saison 1978 gruben die Wissenschaftler den Grabhügel vollständig aus. Der vornehme männliche Tote war mitsamt allerlei kostbaren Beigaben auf einer mit Hanfstoffen bezogenen und gepolsterten bronzenen Liege bestattet worden. Der Keltenfürst dürfte etwa Mitte des 6. Jahrhunderts beerdigt worden sein – rund 100 Jahre vor Herodots Bericht von den kiffenden Skythen.

Auch die Schilderung, die der wissbegierige Historiker aus Halikarnassos von den berauschenden Schwitzbädern der Reiternomaden zum Besten gab, konnte mittlerweile durch Funde bestätigt werden. In skythischen Kurganen

(Grabhügeln) aus der Zeit um 400 v. Chr. fanden Archäologen in Südsibirien zwei kupferne Gefäße, in welchen sich Rückstände verbrannten Hanfs fanden. Außerdem war auch ein Zeltgestell aus Metallstäben Teil des Fundes. Die Konstruktion der Zelte oder Jurten hatte unser Reporter ebenso erwähnt – seine Beschreibung deckt sich mit den archäologischen Befunden: „Sie stellen drei Stangen gegeneinander, legen darüber eine Filzdecke, die sie möglichst fest anziehen, stellen ein Becken in den durch die Stangen und die Filzdecke abgeschlossenen Raum und werfen glühende Steine in das Becken." Und auf diese glühenden Steine wiederum legten sie ihren Hanf und begannen das, was Herodot mangels besseren Wissens und aus griechischer Sicht ein Dampfbad nannte.

Freilich handelte es sich dabei weniger um ein Bad zur Körperpflege denn um eine zeremonielle Handlung. Der Rausch des verbrennenden Cannabiskrauts versetzte alle, die sich im Zelt befanden und an dem Ritual teilnahmen, so sehr in Rausch und Ekstase, dass sie eben laut „heulten".

Eine noch längere Geschichte des Konsums hat der Schlafmohn, der wahrscheinlich schon in der Jungsteinzeit im westlichen Mittelmeerraum geerntet wurde. In einer Höhle nahe Albuñol in der südspanischen Region Andalusien fanden Archäologen mehrere (vertrocknete) Mohnkapseln aus der Zeit um 4200 v. Chr. Auch aus anderen mediterranen Gegenden sind Hinweise auf den Gebrauch des Opiums als Rauschmittel bekannt.

Im südzypriotischen Kition nahe dem heutigen Larnaka etwa wurde ein zylindrisches Elfenbeingefäß ausgegraben, das nachweislich zum Verbrennen (oder Rauchen) von

Schlafmohn verwendet wurde. Überdies fand sich dort auch ein Gegenstand, der sehr wahrscheinlich als Opiumpfeife diente. Archäologen datierten die beiden Funde auf etwa 1200 v. Chr. Aus Ägypten wiederum kennt man Tongefäße in der Form von Mohnkapseln aus der Zeit der 18. Dynastie (etwa 1550 – 1295 v. Chr.). Diese damals von Zypern importierten Krüge oder Vasen weisen an den Außenflächen senkrechte Streifen auf, die an die heute noch üblichen Kapseleinschnitte zur Gewinnung von Opium aus Mohn erinnern. Und aus der spätminoischen Kultur Kretas (13. Jahrhundert v. Chr.) stammt die Figur einer Göttin, deren Haupt ebenfalls mit Mohnkapseln geschmückt ist.

All diese archäologischen Funde weisen ziemlich eindeutig auf den (zeremoniellen) Gebrauch des Schlafmohns als Narkotikum hin. „Die schweren Flügel des Gemüts hebst du empor", raunte Novalis Jahrhunderte später dem „köstlichen Balsam" in seinen „Hymnen an die Nacht" zu, der offenbar schon Jahrtausende zuvor seine und unsere Vorfahren berauschte. Darüber hinaus wurde Opium bei Griechen und Römern zu medizinischen Zwecken als Arznei eingesetzt. Schließlich gab es kein vergleichbares Mittel zur verlässlichen Linderung von Schmerzen.

Mysteriös ist ein Volk in Nordafrika, von dem unser Weltreisender behauptete, es würde sich ausschließlich von der Frucht des Lotos ernähren, aus der es auch Wein zubereite. Diese Lotophagen und ihr seltsames Rauschmittel erwähnte bereits Homer in seiner „Odyssee". Über Jahrhunderte wusste keiner, worum es sich bei diesem geheimnisvollen Lotos handelte. Ja, es war nicht einmal bekannt, ob bei Homer und Herodot von einem realen Gewächs die

Rede war oder lediglich von einer poetischen Erfindung, einer mythischen Legende, oder ob die beiden einfach einer Fehlinformation aufgesessen waren.

Inzwischen ist das Rätsel gelöst, die Droge identifiziert. *Nymphaea caerulea*, die Blaue Wasserlilie oder der Blaue Lotos, war die Symbolblume von Oberägypten. Da sich die Pflanze der Gattung der Seerosen am Morgen mit dem Sonnenlicht öffnet und spätestens mit dem Sonnenuntergang wieder schließt, versinnbildlichte ihr Tagesrhythmus den Menschen im Land der Pharaonen den Lauf der Sonne und feierte den Sonnengott Re.

Darüber hinaus diente die Wasserlilie den Ägyptern ebenfalls als berauschendes Genussmittel. Dazu legten sie ihre Blüten in Wein ein und ließen das Getränk einige Tage ziehen. Erst dann tranken sie diesen nachgebesserten Wein. Je nach Dosis wirkte das Gebräu entweder Lust hemmend oder steigernd. Wegen des ersteren Effekts sollen noch im 16. Jahrhundert christliche Mönche den Lotos genutzt haben, um den Anforderungen des Zölibats genügen zu können.

DIE VERTANZTE HOCHZEIT

„Hippokleides ließ einen Tisch herbeibringen und
tanzte auf diesem, zuerst auf lakonische Art,
dann auf attische, und zum dritten stellte er sich auf
den Kopf und machte Gebärden. "

(Buch 6, Kapitel 129)

Aus allen Teilen der hellenischen Welt kamen die jungen Männer herbeigeströmt, selbst von den Kolonien im Süden Italiens.
Sie folgten dem Ruf des Kleisthenes. Der mächtige Mann, in
der ersten Hälfte des 6. Jahrhunderts v. Chr. Tyrann des peloponnesischen Stadtstaats Sykion, hatte sie mit der Aussicht
auf die Hand seiner Tochter Agariste an seinen Hof gelockt.
Ein Jahr lang blieben die Freier in Sykion. Stets unter den
wachsamen Augen des Tyrannen, der offenbar höchste An-
sprüche an seinen künftigen Schwiegersohn stellte. „Er prüfte
ihre Männlichkeit, ihre Gemütsart, ihre Bildung, ihren Charakter", erzählt Herodot und fährt fort: „Er sprach mit jedem
allein und mit allen zusammen, er führte alle Jüngeren auf die
Ringplätze, und vor allem beobachtete er sie beim Gelage. "
Endlich kam der Tag, an dem Kleisthenes seine Wahl bekannt
geben und die Verlobung seiner Tochter feiern wollte. Und
just bei dieser Gelegenheit verspielte Hippokleides aus Athen,
der nach Meinung Herodots die besten Aussichten hatte, der
Auserwählte zu sein, all seine Chancen – beim Tanz.

Zu gewagt waren offenbar seine Figuren, zu aussage-
kräftig Gestik und Mimik. Einem solch schamlosen Mann

wollte Kleisthenes seine Agariste nun doch nicht zur Frau geben. Nachdem er dem Treiben des wild tanzenden Atheners eine ganze Weile lang zugesehen hatte und dieser sich offenbar allmählich in regelrechte Raserei hineinzusteigern drohte, strich ihn der Tyrann von der Liste der möglichen Kandidaten, indem er so streng wie verdrossen ausrief: „Du hast deine Hochzeit vertanzt!"

Wie schlimm sich Hippokleides wirklich benommen haben mag, bleibt uns bedauernswerterweise verborgen. Doch wissen wir immerhin aus verschiedenen Quellen, dass die lakonischen und attischen Tänze, die er nach dem Bericht unseres Reporters dargeboten hatte, von ziemlich deftiger, wenn nicht gar obszöner Ausführung waren. Möglicherweise hatte der junge Mann, trunken von Wein und freudiger Erwartung, den einen oder anderen Bewegungsablauf der Hochzeitsnacht rhythmisch vorweggenommen. Dabei lag er damit jedenfalls nicht falsch. Die Hochzeitstänze der Hellenen waren ein Mittelding zwischen der Erfüllung religiös-ritueller Pflichten und der Ausgelassenheit gemeinschaftlicher Feiern. Waren Hippokleides' Bewegungen also tatsächlich zu ausdrucksvoll, hatte er – wohlwollend betrachtet – lediglich den rituellen Charakter etwas zu stark betont. Oder aber – aus weniger wohlwollender Sicht – er war völlig betrunken außer Rand und Band geraten.

Der griechische Tanz hatte seine Wurzeln im Gottesdienst, fand später freilich auch Aufnahme in die Theaterkunst. Man tanzte begleitet von lyrischem Gesang den sogenannten *hyporchema*, einen munteren Reigentanz, zu Ehren Apolls, bewegte sich überraschend getragen und zurückhaltend im Dienste der Liebesgöttin Aphrodite, während die Dionysien zur Verherrlichung der Gottheit des Weins und des Rausches, aus denen sich das Theater entwickeln sollte, mitunter zu ekstatischen Feiern ausarten konnten. Manchmal wurde auch dabei die Grenze dessen, was der Obrigkeit gefiel, gehörig überschritten: 186 v. Chr. ereignete sich rund um die Bacchanalien, so hieß das Fest bei den Römern, der erste bekannte handfeste Kulturskandal der abendländischen Geschichte. Der römische Historiker Titus Livius (59 v. Chr. – 17 n. Chr.) bot in seinem Werk zur römischen Geschichte einen Einblick ins Geschehen: „Wenn der Wein die Besinnung, wenn die Nacht und das Gemisch aus Männern und Weibern, des zarteren Alters mit Bejahrteren jede schamhafte Entfernung vernichtet hatte, so führte dies zuerst zu Sünden der Unzucht aller Art, da sich jeder den Genuss dessen, wozu er sich am stärksten gelüstet fühlte, geboten sah." Der Nachgeborene mag sein Wissen aus Gerichtsakten bezogen haben. Denn zu Gericht wurde gesessen, und wie! Bis zu 7000 Anhänger des Kults wurden hingerichtet, die für die strengen Moralbegriffe des republikanischen Rom zu sehr über die Stränge geschlagen hatten. Das feucht-fröhliche Fest verboten die Machthaber zunächst zur Gänze, später wurde der Kult unter der Kontrolle des Senats wieder aufgenommen. Schließlich handelte es sich doch um einen Gottesdienst.

Auch in Ägypten hatten Tänze anfangs wahrscheinlich einen rein kultischen Charakter: Tanzend imitierte man etwa Götter, um Dämonen zu verjagen. Doch legen Wandmalereien von tanzenden Grazien nahe, dass die Kunst der rhythmischen Bewegung zumindest am Hof der Pharaonen durchaus auch als ästhetische Darbietung genossen wurde. Auf etruskischen Fresken begegnen uns zahlreiche Tänzerinnen und

Tänzer als unbeschwerte Vermittler von Lebensfreude und Ausgelassenheit. Und selbst die Bibel berichtet davon, wie ein verzückter König David um die Bundeslade sprang und tanzte „mit Jauchzen und Posaunenschall". Die Tänze und Gesänge der Chassidim sprechen zu uns bis heute von der Bedeutung der auf Gottvertrauen bauenden ausgelassenen Freude in der jüdischen Kultur.

Erst das in manchen Dingen doch recht miesepetrige Christentum wandte sich von der Kunst der harmonischen Bewegung ab. Kirchenvater Augustinus von Hippo (354 – 430), in seiner Jugend selbst kein Kind von Traurigkeit, brachte später den christlichen Blick auf den Punkt: „Der Tanz ist ein Kreis, in dessen Mitte der Teufel ist." Bei dieser Haltung blieb die Kirche über Jahrhunderte. Und so entnehmen wir den Akten der Inquisition auch die Berichte von Hexen und Teufelsknechten, die, haben sie dem dunklen Herrn beim Sabbat erst einmal den Hintern geküsst und Hostien geschändet, in wildem Reigen ums Feuer springen. Tanz und Ekstase wurden da zwar nach heidnischer Tradition lediglich zum Ausdruck einer wilden, ungezügelten Lust am Leben und am Diesseits. Nach Lesart der kirchlichen Autoritäten aber konnte dies nur die Anbetung Satans bedeuten, wandten sich viele Vertreter der Religion doch bewusst von irdischen Freuden ab und den himmlischen zu.

Manche gläubigen Muslime hingegen suchen einen tänzelnden Weg zu Gott, ja, er scheint ihnen sogar geboten: Zu getragenen Melodien und gesungenen Gebeten drehen sich Derwische in Hingabe zu Allah und nähern sich ihm in ihrer ertanzten Trance. Freilich werden Sufis und Derwische wegen ihrer unkonventionellen Art zu leben und zu beten seit

Jahrhunderten von weniger mystisch berufenen Muslimen argwöhnisch beäugt. Und dass immer dort Musik und Tanz verboten werden, wo besonders strenggläubige Muslime an die Macht kommen, steht nicht auf einem anderen Blatt, sondern auf der Rückseite desselben.

Eine einzigartige und zentrale Bedeutung aber hat der Tanz im Hinduismus und damit in der indischen Kultur. Schiwa, der tanzende Gott, symbolisiert in seiner Bewegung das Entstehen und Vergehen des gesamten Kosmos. Der ewige Kreislauf von Zerstörung und neuerlicher Schöpfung findet seinen Quell in dem immer schneller werdenden, schließlich rasenden Tanz der ekstatischen Gottheit. Er ist der *Najra*, König der Tänzer, der auf *Apasmara* tanzt, dem zwergenhaften Dämon der Unwissenheit. Durch Schiwas Tanz wird alles aufgewirbelt und die Menschheit im Zuge der universellen Vernichtung erlöst. Und während der Gott sich weiterbewegt, entsteht aus den Trümmern des alten ein neuer Kosmos. Der Tanz ist im Hinduismus also älter als die Menschheit, älter als die Welt, älter als der Kosmos. Diese einzigartige Stellung in der Mythologie verschafft ihm auch eine immense Verbreitung im Alltag – von einer Vielzahl klassischer Tanzstile über Hunderte Volkstänze bis hin zu den immer noch für viele Nichtinder befremdlichen Tanz- und Gesangseinlagen in Bollywood-Filmen.

Um noch einmal kurz nach Sykion zurückzukommen: Das Platzen seiner Hochzeitsträume scheint Hippokleides nicht in allzu tiefes Leid gestürzt zu haben. Auf den erbosten Zuruf des Brautvaters reagierte der Schelm aus Athen unbeeindruckt: „Das kümmert Hippokleides nicht." Der Satz entwickelte sich zur geflügelten Phrase im alten Griechenland.

DAS GLÜCKLICHSTE ENDE

„Wenn es einem Massageten nach einem Weibe
gelüstet, hängt er seinen Bogen an ihren Wagen und
schläft ohne Weiteres mit ihr. Obwohl den Greisen
kein bestimmtes Lebensalter gesetzt ist,
wird doch der Hochbejahrte von seiner
Verwandtschaft mit anderen Opfertieren zugleich
geschlachtet, das Fleisch gekocht und gegessen."
(Buch 1, Kapitel 216)

Zwei elementaren Aspekten des menschlichen Lebens folg-
te Herodot mit an Besessenheit grenzender Neugier – der
Sexualität und dem Tod, besser gesagt: dem Umgang mit
den Toten. Das hat verschiedene Gründe. Die Macht des
Geschlechtlichen, als Akt der Fortpflanzung oder schlicht
des höchsten Vergnügens, sowie die Endlichkeit des Lebens
treiben den Menschen seit frühesten Zeiten um. Seine Religionen beziehen sich zwar nicht ausschließlich auf Sex und
Tod, doch es gibt gleichzeitig keine, die nicht in der einen
oder anderen Weise darauf abzielt.

Menschen interessieren sich eben für ihre Grenzen sowie für jene Momente in ihrem Leben, in denen sie an jene
stoßen. Herodot und sein Publikum waren da nicht anders.
Auch der Athener des 5. Jahrhunderts v. Chr. war fasziniert
von der Grenzüberschreitung – sei es in Form einer zügello-
sen Sexualität oder eben im Grübeln über die letzte Grenze
des Lebens, den Tod. Was ist denn letztlich der Ursprung

der Philosophie? Welche sind die oft zitierten sogenannten großen Fragen nach dem Woher und Wohin? Nebenbei gibt unser Reporter, gerade wenn er von diesen Themen spricht – mit seriösen Worten zwar und zumeist in der Wartepose des distanzierten Beobachters –, hin und wieder doch gerne den Boulevardjournalisten, den keine saftige oder skurrile Story ruhen lässt, ehe er sie nicht auch erzählt hat. Natürlich beinhalten die Berichte von den sexuellen Eskapaden fremder Völker durchaus „eine Ambivalenz zwischen heimlichen Wünschen und offenem Erschrecken", wie es der uns mittlerweile gut bekannte Innsbrucker Herodot-Experte Reinhold Bichler ausdrückt. Doch bei aller verschmitzten Begeisterung für männlich dominierte, promiske Gesellschaften stellten weder Herodot noch sein überwiegend aus hellenischen Männern bestehendes Publikum die Errungenschaften der eigenen (grundsätzlich monogamen und ebenfalls männlich dominierten) Sexualmoral jemals infrage. Nicht ganz so klar ist die Grenze hingegen bei den verschiedenen Bestattungsriten gezogen. Doch davon wird später noch die Rede sein.

Darüber hinaus sind es jedoch genau diese beiden Aspekte menschlichen Lebens, die Herodot immer wieder gerne nutzt, um den Zivilisationsgrad einer Gesellschaft zu definieren. Eine Anekdote, in der Sexualität und Tod gemeinsam, quasi Hand in Hand auftauchen, stammt aus Ägypten, aus jenem Land also, das Herodot so sehr fasziniert. Doch lassen wir ihn selbst berichten: „Die Frauen angesehener Männer werden nicht gleich nach dem Tode zur Einbalsamierung fortgegeben, auch schöne und sonst hervorragende nicht. Man übergibt sie den Balsamierern erst drei oder vier Tage später, und zwar geschieht das deswegen, damit sich die Balsamierer nicht an den Frauen vergehen." Bis hierhin klingt der Bericht skurril genug und dennoch nicht abwegig, schließlich gibt es heute ebenfalls Nekrophile, mögen sie mit ihrer sexuellen Präferenz auch in allen Kulturen außerhalb der Norm stehen. In diesem Sinne, und für uns von besonderer Bedeutung, fährt der Berichterstatter fort: „Es sei einmal einer wegen der Schändung einer frischen Frauenleiche bestraft worden, den ein Berufsgenosse angezeigt hatte." Hier aber endet Herodots Ausflug zur Leichenschändung bereits. Es folgen keine Erklärungen, keine weiterführenden Betrachtungen. Sie sind auch nicht notwendig, denn mit einem knappen Satz hat Herodot klargestellt, dass solch ein abweichendes Sexualverhalten nicht zum Alltag der hoch entwickelten Kultur der Ägypter gehörte. Diese sind und bleiben trotz der auch aus griechischer Sicht ungeheuren Tat des Balsamierers Teil der zivilisierten Welt.

Ganz anders geht es freilich bei den Wilden zu, den Völkern am Rande der Welt, außerhalb der Oikumene. Hier sind im hellenischen Verständnis abartiges Sexualverhalten und – wieder aus griechischer Warte – abscheuliche Totenbräuche keine Abweichungen von der Norm, sondern Bestandteile der Kultur dieser Randvölker. Wir hatten schon von den Stämmen gehört, die „sich öffentlich begatten wie das Vieh", wie etwa manche namenlosen Kaukasusbewohner an der Nordgrenze des persischen Reichs. Nun wollen wir es genauer wissen. Im äußersten Osten Indiens, dort, wo die Welt zu Ende geht, sowie am sagenumwobenen Triton-See am Rande Libyens, so erzählte unser Mann, lebten ebenfalls Völkerschaften, die sich „wie das Vieh" fortpflanzten. Bei diesen drei Gruppen handelte es sich offenbar um die rohesten und barbarischsten aller Völker. Wobei eines doch auffällt: Bei den Kaukasiern und den Indern beließ es Herodot bei der viehischen Kopulation, die den Grad der Zivilisation oder in diesem Falle die Unzivilisiertheit dieser Völker bestimmt. Im Gegensatz dazu haben manche Stämme am Triton offenbar einen gewissen Grad an gesellschaftlichen Normen entwickelt, seien sie auch für Hellenen unbegreiflich oder abstoßend: „Sie leben in Weibergemeinschaft, kennen kein eheliches Zusammenleben, sondern begatten sich wie das Vieh. Ist das Kind einer Frau erwachsen, so versammeln sich innerhalb dreier Monate die Männer und sprechen das Kind dem zu, dem es ähnlich ist." Es herrscht also doch eine gewisse Ordnung in der unordentlichen Fortpflanzung. Interessanterweise ist es eine nach den Männern der Gemeinschaft ausgerichtete Ordnung, obgleich Herodot den Stämmen am Triton-See durchaus matriarchale, amazonenhafte Züge unterstellte. Etwa wenn er von den Jungfrauen erzählte, die einander Jahr für Jahr zu Ehren der Göttin Athene im Kampf auf Leben und Tod begegnen. Leider notierte unser Reporter nichts von den Begräbnisbräuchen dieser rohen Stämme.

Wenden wir uns daher den Massageten zu, deren Sitten stark gekürzt beschrieben diesen Zeilen vorangingen. Es handelt sich bei ihnen um ein Volk, dessen Entwicklungsstand im Graubereich zwischen Wildheit und Zivilisation liegt. Besonders auffällig tritt dies im Spannungsfeld zwischen Monogamie und Vielweiberei zutage: „Zwar führt jeder ein Weib heim, doch herrscht trotzdem Weibergemeinschaft." Es gibt also die Ehe – für Herodot und die Hellenen ein untrügliches Merkmal von Zivilisation. Zugleich aber leben in gewisser Weise doch alle promisk, wenn auch nicht wie die Tiere. Der Mann hängt seinen Bogen an den Wagen jener Frau, nach der ihm gerade ist, bevor die beiden intim werden, denn intim werden sie im wahren Sinn des Wortes. Der Geschlechtsakt findet abgeschieden statt, nicht vor den Augen aller, nicht „wie das Vieh", also in gewissem Sinne doch kultiviert.

Umso überraschender ist es daher, dass ausgerechnet dieses Volk, das zumindest eine Form von Monogamie kennt, im Umgang mit seinen Toten, oder genauer: mit seinen Alten, derart barbarisch dargestellt wird. Noch einmal zur Erinnerung: „Obwohl den Greisen kein bestimmtes Lebensalter gesetzt ist, wird doch der Hochbejahrte von seiner Verwandtschaft mit anderen Opfertieren zugleich geschlachtet, das Fleisch gekocht und gegessen." Doch: „Darin sehen sie ein hohes Glück; denn wer an einer Krankheit stirbt, wird nicht verzehrt, sondern begraben, und man hält es für ein Unglück, dass er nicht dazu gelangt ist, geschlachtet zu werden." Ähnliche Sitten erwähnt Herodot auch von anderen Völkern, etwa den Padaiern aus Indien, die ihre Kranken töten und verzehren, ehe die Krankheit deren Fleisch verzehrt und es ihnen dadurch „verloren geht". Die Kallatier nahm Herodot zum Anlass für den Beweis, „dass alle Völker wirklich ihre Lebensweise für die beste halten". Diese kleine Anekdote will ich Ihnen keinesfalls vorenthalten: „Als Dareios König war, ließ er die Hellenen an seinem Hofe rufen und fragte, um welchen Preis sie sich bereit erklären würden, ihre toten Väter zu verspeisen.

Sie erwiderten, um keinen Preis. Darauf ließ er Kallatier rufen, einen indischen Volksstamm, bei dem die Leichen der Eltern gegessen werden, und fragte in Gegenwart der Hellenen, um welchen Preis sie zugeben würden, dass man die Leichen ihrer Väter verbrenne [wie es bei den Hellenen Brauch war]. Sie schrien laut und sagten, er solle solche gottlosen Worte lassen."

Kannibalismus war für die alten Griechen nicht minder abstoßend und verwirrend, wie er es heute noch für uns ist. Und doch geht von dem seine Artgenossen verzehrenden Wilden eine makabre Faszination aus. Jene europäischen Eroberer, Kolonisten und Missionare, die während des Zeitalters der großen Entdeckungen vom 15. bis ins 18. Jahrhundert ihren in der alten Heimat verbliebenen Landsleuten von den Kannibalen in Übersee berichteten, konnten sich stets der Aufmerksamkeit des Publikums sicher sein. Aber auch in der sogenannten zivilisierten Welt kann es in Notsituationen und Ausnahmefällen zu Menschenfresserei kommen. Herodot berichtete davon, wir wissen es schon, was unter den in Not geratenen Kriegern des Perserkönigs Kambyses beim Rückzug aus Äthiopien geschah. Aus der jüngeren Geschichte seien zwei Beispiele aus unserem Kulturkreis genannt, die von vergleichbar verzweifelten Grenzüberschreitungen zeugen: Während der 872 Tage währenden deutsch-finnischen Blockade Leningrads im Zweiten Weltkrieg fiel rund ein Drittel der 2,5 Millionen in der Stadt verbliebenen Einwohner dieser Belagerung zum Opfer. Aus schierer Not verzehrten Eltern ihre toten Kinder, Männer ihre Frauen. (Herzzerreißend finde ich in diesem Zusammenhang die verbürgte Geschichte jener Mutter, die ihr jüngstes Kind tötete, um die drei älteren zumindest ein paar Tage lang zu ernähren.). Die Überlebenden eines Flugzeugabsturzes in den Anden 1972 hingegen konnten nur deshalb die 71 Tage bis zum Eintreffen der Rettungskräfte ausharren, weil sie ihre toten Mitreisenden verspeisten.

Allerdings gibt es auch bis in unsere Tage noch einen Kannibalismus, der nichts mit Not und Extremsituationen zu tun hat, sondern von einer ausgereiften Kultur und gesellschaftlichen Normen zeugt, sosehr sie auch den unseren widersprechen mögen. Eine Form der so rituellen wie spirituellen Menschenfresserei erinnert durchaus an jene Sitten, die Herodot den Massageten zuschreibt: Das Volk der Yanomami im Regenwald des Amazonas verbrennt seine Toten und verrührt deren Asche am Ende einer durchtrauerten Nacht im Rahmen eines ausgefeilten Rituals mit einem Sud aus Bananen zu Brei, der schließlich verspeist wird. Es handelt sich dabei keineswegs um einen barbarischen Akt, sondern um eine besondere Form der Ehrerbietung an den Verschiedenen und seine Seele.

Doch nun noch einmal zurück zum Sex. In Afrika, bei verschiedenen Völkern am Rande Libyens, das ja zu Herodots Zeiten ein Synonym für den gesamten Schwarzen Kontinent (mit der Ausnahme Ägyptens) war, findet unser Reporter noch so manche Sitte, die bei seinem Publikum zugleich Schauer der Empörung wie der Erregung ausgelöst haben mag. Ich gestehe, dass sich bei dem Teenager, der ich bei der ersten Lektüre der „Historien" war, die Empörung in Grenzen hielt, als ich etwa von den Nasamonen oder den Gindanen las. Erstere hatten eine den Bedürfnissen promisker heterosexueller Männer entgegenkommende

Sexualmoral – Vielweiberei im Privaten, Weibergemein-schaft im Allgemeinen oder, wie Herodot es ausdrückt: „Jeder pflegt viele Frauen zu haben, die gemeinsamer Besitz sind.“ Allerdings: „Wenn ein Nasamone zum ersten Mal heiratet, ist es Sitte, dass die Braut in der ersten Nacht mit sämtlichen Hochzeitsgästen der Reihe nach sich begatten muss. Jeder gibt ihr dafür ein Geschenk, das er von zuhause mitgebracht hat.“ Man kann dies wohlwollend als gelunge-ne Swinger-Hochzeit betrachten, als einfallsreiche Art, zu einer ordentlichen Aussteuer zu kommen, oder als institu-tionalisierte Gruppenvergewaltigung. Oder man kann es hinnehmen als einen Bericht von einem uns fremden Volk aus einer fremden Zeit. Herodot jedenfalls lobte sogleich den Respekt der Nasamonen ihren Ahnen gegenüber, an deren Grabhügeln sie beteten, wahrsagten und Schwüre leisteten. – Sie verzehrten also offenbar ihre Eltern nicht.

Übrigens sind nicht immer nur Männer die alleinigen Nutznießer einer freizügigen Einstellung zur Sexualität, wie ein Blick auf die Sitten der Gindanen zeigt: „Ihre Frauen tragen viele Ringe aus Leder um die Knöchel. Es heißt, jedes Mal, wenn ein Mann sich mit einer Frau begattet, legt sie einen solchen Ring an. Die, welche am meisten hat, wird am höchsten geschätzt, weil sie von den meisten Männern geliebt worden ist.“ Prestige und Ansehen, verdient durch Liebe statt durch Gold, Vieh oder Waffen.

Kommen wir nun zu den historischen und aus Herodots Sicht mehr oder weniger zivilisierten Völkern. Dass auch diese mitunter ein von der hellenischen Norm abweichendes Sexualverhalten an den Tag legten, wissen wir, seit wir von babylonischer Tempelprostitution und ägyptischer Zoophilie gelesen haben. Hier aber finden Ausschweifungen entweder innerhalb gewisser Regeln statt, oder sie sind Ausdruck der Verirrung eines Einzelnen wie beim eingangs erwähnten Balsamierer. Unserem Reporter gaben jedenfalls auch die Sitten der Kulturvölker ausreichend Gelegenheit zu sexuell aufgeladenen Bemerkungen am Rande der Geschichte. Etwa im Zusammenhang mit den Lydern.

„Sie haben ganz ähnliche Sitten wie die Hellenen, nur dass die Mädchen Unzucht treiben", schrieb Herodot und berichtete Ähnliches von den Thrakern am Balkan, die zwar ihre Ehefrauen streng bewachten, doch: „Ihre Jungfrauen hüten sie nicht, sondern sie können verkehren, mit welchem Mann sie wollen." Die Unberührtheit eines Mädchens galt demnach offenbar nicht als Voraussetzung zur Eheschließung. So manche Nachfahrin der Lyder im Südwesten der heutigen Türkei kann von einem ähnlich unverkrampften Umgang ihrer Familie mit der Jungfräulichkeit nur träumen, genauso wie die jungen Frauen des antiken Griechenland übrigens, wo die Unversehrtheit der Mädchen bis zur Hochzeit mindestens ebenso bedeutend war.

Verschiedene kleinasiatische Völker wie die Lyder, aber auch Babylonier, Ägypter und selbst die Perser waren zwar als Nichtgriechen und somit vom hellenischen Standpunkt aus gesehen im Grunde Barbaren. Doch Herodots Blick auf sie war differenzierter, er sah ihre jeweiligen zivilisatorischen Errungenschaften, und er erkannte an, dass sich auch das Perserreich, immerhin der gefährlichste Feind, dem die griechischen Stadtstaaten jemals gegenübergestanden haben (und den sie schließlich besiegt hatten), auf einem zwar fremden, aber mindestens ebenbürtigen kulturellen Level befand.

Allerdings betonte unser Mann aus Halikarnassos etwa gerne den sagenhaften Reichtum mancher dieser Länder (besonders Lydiens, Babylons und Persiens), nicht ohne daran zu erinnern, dass allzu großer Reichtum leicht zu Dekadenz und zur Verweichlichung ganzer Völker führen könne. Der Umgang mit den Toten verliert bei der Betrachtung dieser Zivilisationen an Bedeutung. Eine Ausnahme bildet hier naheliegenderweise Ägypten mit seinen Mumien, aber dazu kommen wir gleich. Bei Babyloniern, Lydern und Persern interessierten Herodot vielmehr Sitten und alltägliche Bräuche. Etwa die an sich sehr strengen Sitten der Perser, die er mit Episoden wie Geschwisterheiraten und Ehebrüchen konterkarierte, oder die laxe Sexualmoral der Babylonier. Erinnert sei an die Tempelprostitution. In diesem Zusammenhang betonte unser Berichterstatter übrigens ein weiteres Mal die Sonderstellung des Volkes vom Nil, welches als Erstes den Geschlechtsverkehr in Gotteshäusern verboten hätte.

Der Einbalsamierung verstorbener Ägypter widmet sich Herodot ausführlich und beschreibt den Vorgang im Großen und Ganzen auch so, wie ihn Forscher durch die Untersuchung von Mumien inzwischen längst rekonstruiert haben. Schön zu lesen – zugleich auch ein Abbild der streng hierarchischen Gesellschaft im Land der Pharaonen – ist sein Bericht von den Balsamierung Toter der ersten, zweiten und dritten Klasse, der ebenfalls durch archäologische Ausgrabungen bestätigt wurde. Alles hat seinen Preis, auch der Tod – damals wie heute.

DER TOTENZUG

„Die Leiche wird nun von Stamm zu Stamm
geführt. Jeder Stamm, zu dem sie gelangt,
tut dasselbe: Jeder schneidet ein Stück von seinen
Ohren ab, schert seine Haare, macht einen Schnitt
rund um den Arm, ritzt Stirn und Nase und
sticht einen Pfeil durch die linke Hand. "

(Buch 4, Kapitel 71)

Über Jahrhunderte verkörperten die Völker aus dem Osten für jene im Abendland die Bedrohung schlechthin. Seit
vorgeschichtlicher Zeit bot der eurasische Steppengürtel
den verschiedensten nomadisch lebenden Stämmen Wei-
deland in Hülle und Fülle. Auf dem riesigen Gebiet, das
sich unterbrochen von einzelnen Gebirgszügen wie etwa
den Karpaten oder dem Ural zwischen dem heutigen West-
ungarn und dem Osten der Mongolei erstreckt, war die
Heimat von Reiterkriegern, die den Bewohnern Europas
zum Sinnbild des Fremden an sich gereichten. Alanen,
Magyaren, Awaren, Tataren und noch eine ganze Reihe
anderer Stämme zogen aus den Tiefen Asiens auf ihren Pfer-
den bis nach Mitteleuropa. Die berühmtesten unter diesen
Völkern entwickelten sich zum Inbegriff des größtmögli-
chen Schreckens. Die Hunnen etwa, die im 5. Jahrhundert
n. Chr. den Untergang des Weströmischen Reichs anstie-
ßen. Die Kunde von Dschingis Khans grausamen mongoli-
schen Reitern, die 1241 bis Polen und Ungarn vorstießen,

löste auch unter jenen abendländischen Christen Horror-visionen vom Weltuntergang aus, die von dem Ansturm der rasend schnellen Krieger verschont geblieben waren. Als die Türken 1529 erstmals vor den Toren Wiens standen, schien der Jüngste Tag gekommen.

Der Schreck war so gewaltig und saß so tief, dass er sich über viele Jahrhunderte halten konnte. Während des Zweiten Weltkriegs setzte die nationalsozialistische Propaganda die Rote Armee mit der Goldenen Horde Dschingis Khans gleich. Selbst Thomas Mann bemühte die Mongolen, um das Wesen des Bolschewismus aus seiner Sicht darzustellen, nämlich als „mongolenhaft-kulturrasierend, antihistorisch, antieuropäisch und krank-ekstatisch".

Das erste in dieser Reihe von Steppenvölkern, dem Europäer begegneten, war jenes der Skythen, die sich ab dem 8. Jahrhundert in den Steppen nördlich des Schwarzen Meers bewegten, an dessen Küsten sich griechische Kolonisten niedergelassen hatten. So fremd war dieses Volk, so ungewöhnlich seine umherziehende Lebensart, so seltsam seine Bräuche, dass sich auch unser Reporter selbstredend aufmachte, um es kennenzulernen. Es sei ihm gedankt, schließlich lieferte Herodot den ersten umfassenden Bericht über das Nomadenvolk. Neben zahlreichen Legenden über Ursprung und Geschichte der Skythen unternahm es der Mann aus Halikarnassos auch, ihre Totenbräuche und Bestattungsriten detailliert zu beschreiben. Grotesk genug, um das griechische Publikum zu beeindrucken, waren sie immerhin.

Starb einer ihrer Könige – oder sollten wir sie Häuptlinge nennen? –, wurde sein Körper mit Wachs eingerieben.

Der Bauch wurde geöffnet, die Gedärme wurden entfernt und durch duftende Kräuter ersetzt. Schließlich wurde der Leichnam wieder zugenäht. Dann hob man den toten Fürsten auf einen Wagen und fuhr ihn zu allen ihm unterworfenen Stämmen. Zum Zeichen ihrer Trauer fügten sich die Untertanen Schmerzen zu, ritzten sich die Haut, verstümmelten ihre Ohren und durchbohrten ihre Hände mit Pfeilen. Wenn alle Stämme besucht worden waren, ging es zum fernsten, der in der Landschaft Gerrhos lebte, die der Dnepr durchfließt und wo sich die Grablege der Skythenkönige befand. Hier wurde der Tote in einer großen viereckigen Grube unter einem stilisierten Zelt aus Lanzen und einem geflochtenen Dach beigesetzt. Und dann ging es los: „Man tötet eines seiner Weiber, seinen Weinschenken, seinen Koch, Pferdeknecht, Leibdiener, Boten, ferner seine Pferde, die Erstlinge alles anderen Viehs und begräbt sie in dem weiten Raum der Grube, der noch leer ist." Nachdem auch noch goldene Schalen dazugelegt wurden, türmten sie einen großen Grabhügel über die Grube des Toten. Die überlebenden Hinterbliebenen begaben sich dann in die Spezialjurte zum Cannabis-Dampfbad, von dem bereits an anderer Stelle die Rede war.

Ein Jahr später, so berichtete Herodot weiter, kam man ein zweites Mal zur Trauerfeier zusammen. Und das Töten ging weiter: „Die besten von der Dienerschaft des Königs, die noch am Leben sind, werden erdrosselt, fünfzig an der Zahl, ebenso die fünfzig schönsten Pferde." Diese Pferde wurden ebenfalls präpariert und ausgestopft und gemeinsam mit den erwürgten Dienern rund um den nun noch höher aufgeschütteten Grabhügel platziert. Bei den

Dienern handelte es sich übrigens wohl um Krieger, denn Herodot betont, dass nur eingeborene, freie Skythen zur Dienerschaft des Fürsten gehörten.

Die Kurgane, so nennt man die Hügelgräber, wurden weiter aufgetürmt, teilweise bis zu 15 Meter hoch. Die Stätten waren den Skythen hochheilig, auch das erfahren wir aus den „Historien". Als das Heer der Perser unter Dareios in ihr Land eindrang, zogen sich die Skythen immer weiter zurück, vermieden den Kampf. Einem Boten des Königs, der ihn vor die Alternative Unterwerfung oder offene Schlacht stellte, antwortete der Skythenfürst Idanthyros lapidar: „Wir Skythen haben nicht Städte, nicht Ackerland; so drängt uns keine Furcht, dass jene erobert, dieses verwüstet werden könnte, zur Schlacht. Wollt ihr durchaus, dass es bald zur Schlacht kommt, so haben wir ja die Grabstätten unserer Väter: sucht sie und wagt, sie zu zerstören! Ihr werdet merken, ob wir um die Gräber mit euch kämpfen oder nicht!"

Doch heilig hin oder her: Die Kurgane wurden bereits im Altertum geplündert, höchstwahrscheinlich von Skythen selbst – zu verlockend waren offenbar die mit den Toten begrabenen Goldschätze. Über die Jahrhunderte vergingen sich immer wieder Räuber an den Fürstengräbern, teilweise mit verheerenden Methoden und Folgen, nicht zuletzt für die Altertumskunde. Dennoch gelang es Archäologen, zahlreiche Kurgane zu erforschen, manche darunter waren sogar unversehrt. Die Wissenschaftler konnten so zumindest teilweise den Bericht unseres Reporters bestätigen. In einigen weitgehend unversehrten Grabhügeln fanden die Forscher tatsächlich in der Nähe der bestatteten Fürsten weiter Skelette von Frauen und Männern. In dem zu Anfang des 20. Jahrhunderts entdeckten Kurgan von Solocha fanden Archäologen neben dem mit Gold und Silber geschmückten und in der rechten Hand ein Zepter tragenden Fürsten die Skelette von mit Schwertern, Speeren und Köchern bewaffneten Kriegern.

In jüngerer Zeit trug auch der deutsche Prähistoriker und Skythen-Experte Hermann Parzinger zu neuen Erkenntnissen bei, die ebenfalls teilweise die Schilderungen Herodots bestätigten. In Arschan in der russischen Republik Tuwa nahe der Mongolei erforschte er 2001 ein Fürstengrab aus dem 7. Jahrhundert v. Chr., in dem sich rund 5600 Goldobjekte fanden. Bestattet waren dort ein älterer Mann sowie eine jüngere Frau, die beide in goldbestickter Kleidung und mit goldenem Schmuck behangen zur letzten Ruhe gebettet worden waren. Darüber hinaus entdeckten die Archäologen zahlreiche weitere Skelette von Frauen und Männern, die offenbar anlässlich der Bestattung getötet worden waren. Bemerkenswert war überdies die Entdeckung eines Pferdegrabs, in welchem 14 Hengste und Wallache lagen, die genetischen Untersuchungen zufolge aus 14 verschiedenen Herden stammten. Offenbar hatte man tatsächlich, so wie Herodot es beschrieb, die besten Pferde der unterworfenen Stämme ausgewählt. Und noch ein Detail ist aufschlussreich: Die Pferde wurden als nachträglich in dem Grabhügel bestattet bestätigt – genau wie im Bericht unseres Reporters erwähnt.

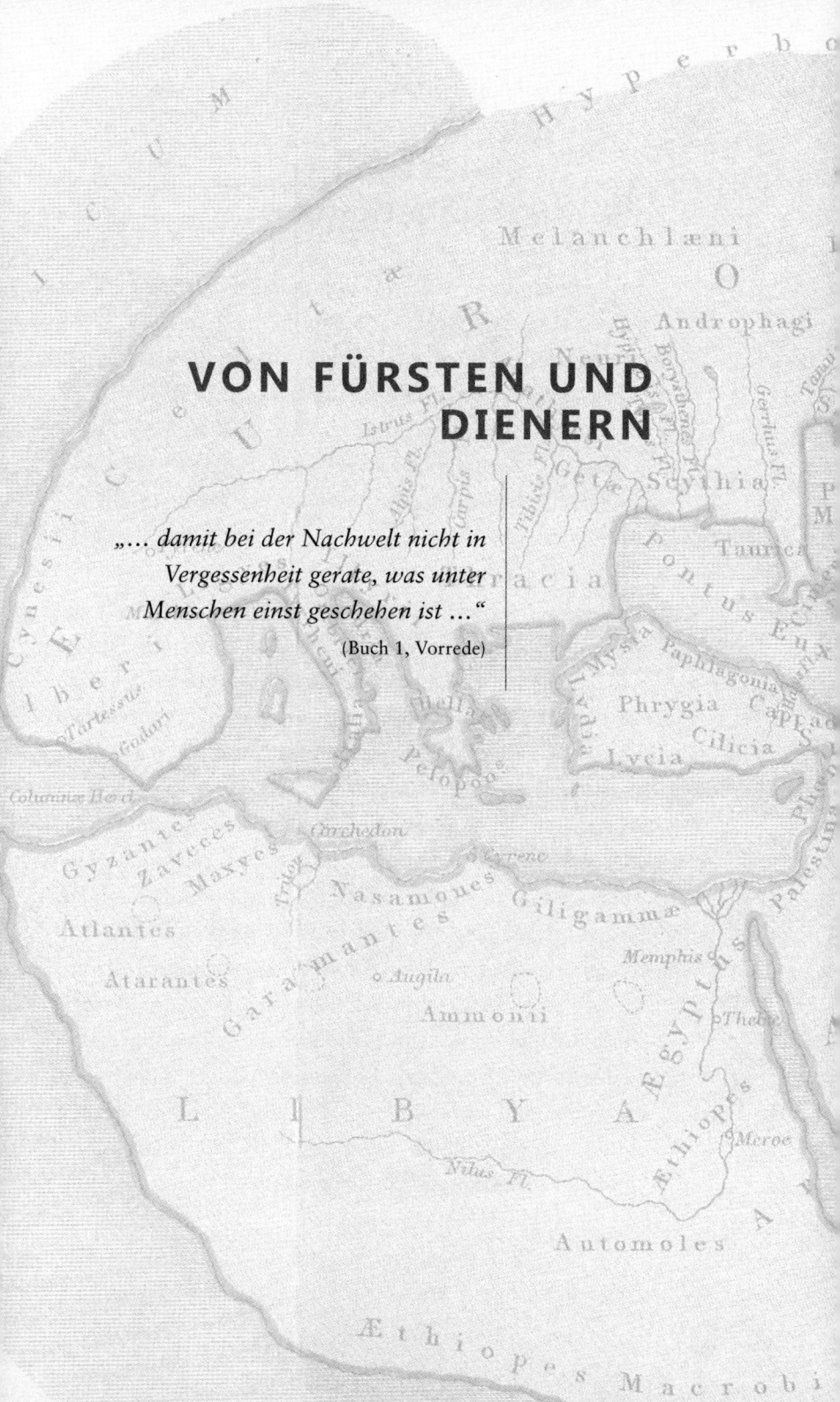

VON FÜRSTEN UND DIENERN

„... damit bei der Nachwelt nicht in Vergessenheit gerate, was unter Menschen einst geschehen ist ..."

(Buch 1, Vorrede)

AUF DEM MENSCHENMARKT

„Ein Mann aus Chios, Pamionios, der durch das
schändlichste Gewerbe seinen Lebensunterhalt
erwarb, verschaffte sich schöne Knaben, verschnitt
sie und brachte sie nach Sardes und Ephesos
auf den Markt, wo er sie teuer verkaufte.
Bei den Barbaren sind nämlich Eunuchen
geschätzter als Männer, weil sie in allen Diensten
zuverlässiger seien."
(Buch 8, Kapitel 105)

Mitte des 2. Jahrhunderts v. Chr. – die drei Kriege gegen
Karthago waren ausgefochten und der nordafrikanische
Rivale war für alle Zeiten erbarmungslos niedergerungen
– hatte sich Rom als Großmacht im Mittelmeerraum eta-
bliert. Ausgerechnet zu dieser Zeit, genauer: im Jahr 146
v. Chr., ließ sich der aus zwölf Städten bestehende Achaii-
sche Bund in Griechenland auf das aberwitzige militärische
Abenteuer einer Auseinandersetzung mit den Römern ein
– und unterlag. Die Sieger unter dem Kommando des Kon-
suls und Feldherrn Lucius Mummius belagerten Korinth,
wo sich die letzten achaiischen Kämpfer verschanzt hatten.
Die Stadt fiel bald darauf, die Römer triumphierten ein
weiteres Mal. Der nachgeborene Schriftsteller und Geograf
Pausanias (um 115 – 175 n. Chr.) hielt die Überlieferung
davon fest, wie sich die Situation nach der Niederlage der
Griechen weiterentwickelt haben soll: „Die meisten Ein-

wohner, deren man habhaft wurde, machten die Römer mit dem Schwert nieder, die Frauen und Kinder aber ließ Mummius in die Sklaverei verkaufen." Zudem ordnete der römische Befehlshaber die komplette Zerstörung der Stadt an. Aus der einst blühenden Metropole wurde ein Jahrhundert lang ein ödes Kaff. Erst Julius Caesar veranlasste 44 v. Chr. die Neugründung der Stadt.

Des einen Leid, des andern Freud: Just in jenem Jahr, in welchem Korinth ins militärische und humanitäre Desaster schlitterte, erlebte die ägäische Insel Delos einen enormen wirtschaftlichen Aufschwung – der Sklavenmarkt des Freihandelshafens wurde zu einem der bedeutendsten seiner Epoche. Wer Zusammenhänge zwischen den gleichzeitigen, aber so unterschiedlichen Schicksalen der beiden Orte vermutet, liegt wohl nicht falsch.

Zu Herodots Lebzeiten waren es hauptsächlich noch Städte an der Westküste der heutigen Türkei, wie Ephesos und Sardes, die den Handel mit Menschen beherrschten – und dabei selbst florierten. Sie lagen im Einflussbereich des persischen Achämenidenreichs. Von dort bezogen ihre Sklavenhändler die menschliche Ware oder belieferten ihrerseits die orientalischen Nachbarn. Ob diese übrigens tatsächlich ein gesteigertes Interesse an jugendlichen Eunuchen hatten, ist nicht bekannt.

Nun aber, nach dem Niedergang Korinths, nutzte Delos seine günstige Lage am Seeweg von Kleinasien und Griechenland nach Italien. Zuweilen wechselten hier täglich Tausende Frauen, Männer und Kinder den Besitzer. Die Preise variierten je nach Fähigkeiten und Anlagen der gehandelten Menschen. Im Griechenland des 4. Jahrhunderts etwa kostete ein einfacher Sklave im Durchschnitt 200 Drachmen, ein besonders (aus-)gebildeter hingegen bis zu 600 Drachmen – zum Vergleich: Ein Rind wechselte für 50 bis 70 Drachmen den Besitzer. Meist stammten die Sklaven aus Kleinasien oder der Levante. Sie wurden entweder während diverser Feldzüge verschleppt oder in Friedenszeiten von Piraten entführt.

Der Aufschwung von Delos hielt indes keine sechs Jahrzehnte. Im Jahr 88 v. Chr. nahm das Wirtschaftswunder auf der Kykladeninsel ein jähes Ende. Während des Kriegs zwischen König Mithridates von Pontos (an der Schwarzmeerküste der heutigen Türkei) und der Römischen Republik, besetzten, plünderten und verwüsteten Truppen des Monarchen die Insel – und verschleppten einen großen Teil ihrer Bewohner. Die Nutznießer des Sklavenhandels waren plötzlich selbst zum Handelsgut geworden. Solche Massenversklavungen waren durchaus keine Einzelfälle. So soll der römische Heerführer Lucius Aemilius Paullus 167 v. Chr. nach einem zwar siegreichen, aber ertragsarmen Feldzug gegen Makedonien seinen Legionären, die mit ihrem Anteil an der Kriegsbeute unzufrieden waren, gestattet haben, sich an Land und Leuten des Königreichs Epirus im Norden Griechenlands schadlos zu halten – 150 000 Menschen sollen damals versklavt worden sein.

Eingesetzt wurden die Sklaven nach ihren Fähigkeiten und ihrem Bildungsniveau. Hier tut sich eine ungeheure Kluft zwischen den unterschiedlichen individuellen Lebenswegen auf, die den Erniedrigten drohten. Aus den Quellen kennt man natürlich lediglich einzelne Schicksale, die nur stellvertretend für die Massen versklavter Menschen sprechen können. Das härteste Los traf diejenigen, die es in Bergwerke oder auf landwirtschaftliche Betriebe verschlug. Unfreie Arbeiter in Erz- und Kohleminen hatten nicht nur extrem harte Arbeit zu verrichten, sondern standen auch unter ständiger Aufsicht.

Nicht viel besser erging es den Sklaven in der Landwirtschaft. Offenbar war deren Alltag ein völlig anderer als jener ihrer Leidensgenossen in den Städten. Der Grundbesitzer und Autor Lucius Iunius Moderatus (er starb um 70 n. Chr.) wies in seinem Werk *De re rustica* auf den elementaren Unterschied zwischen Stadt- und Landsklaven hin: „Deshalb sei davor gewarnt, einen Verwalter aus der Klasse, die in den geselligen Annehmlichkeiten des städtischen Lebens zu Hause ist, zu wählen; denn das ist eine unbekümmerte und verschlagene Sorte von Sklaven, die, an Müßiggang, Sportplätze, Zirkus, Theater, Würfelspiel, Kneipen und Bordelle gewöhnt, immer von demselben Schnickschnack träumt."

Tatsächlich genossen manche Stadtsklaven teilweise Freiheiten, von denen ihre Standesgenossen in den Bergwerken und auf den Äckern nicht einmal zu träumen wagten. Es waren Händler unter ihnen, Lehrer, Handwerker und sogar Bankiers. Wer mit Geldgeschäften zu tun hatte, konnte durchaus ein kleines Vermögen anhäufen. Zwar waren die erwirtschafteten Summen offiziell Eigentum des Besitzers oder, um es unumwunden auszudrücken: des Sklavenhalters, doch gestatteten viele unter diesen ihrem unfreien Personal, einen Teil der Gewinne zu behalten und zu sparen.

Da sich mitunter die Beziehungen zwischen Herren und Knechten oft über viele Jahre zu einem fast schon freundschaftlichen Verhältnis entwickelten, erhielten viele Unfreie spätestens mit dem Tod ihres Besitzers ihre Freiheit zurück. Die testamentarische Freilassung war zeitweise sogar so verbreitet, dass die Praxis unter dem ersten Kaiser Augustus eingeschränkt und an Auflagen geknüpft wurde. So musste man, um freigelassen werden zu können, mindestens 30 Jahre alt sein.

Einmal dem Sklavenstand entronnen, konnten sich jedoch ungeahnte Möglichkeiten eröffnen. Publius Helvius Pertinax (126 – 193 n. Chr.), der Sohn eines Freigelassenen, schaffte es im Jahr seines Todes sogar auf den Kaiserthron. Zwar war dies ein Fünfkaiserjahr und Pertinax war auch keine wirklich lange Regierungszeit vergönnt – aber immerhin! Eine solche Karriere blieb natürlich ein Sonderfall. Im Römischen Reich stellten Sklaven etwa ein Drittel der Bevölkerung der Apenninen-Halbinsel. Den Allerwenigsten unter ihnen war ein gesellschaftlicher Aufstieg wirklich möglich.

Mit Menschen wird auch heute noch gehandelt, und weiterhin betrifft dies besonders Frauen und Kinder. Doch ist die Sklaverei in unserer Zeit kein konstituierender Bestandteil der Gesellschaft mehr, sondern wird weitgehend geächtet. Zumindest offiziell wenden sich seit dem Jahr 1962, in dem auch Saudi-Arabien als letztes Land die Sklaverei abgeschafft hat, alle Staaten der Erde gegen den Handel mit und den Besitz von Menschen. Freilich werden die Gesetze auch in diesem wie in jedem anderen Bereich gebrochen, und Personen, die anderen auf Wohl und Wehe ausgeliefert sind, finden sich in amerikanischen Haushalten und auf brasilianischen Plantagen ebenso wie in europäischen Bordellen – sowie an vielen anderen Orten.

Der grundlegende Unterschied zum Altertum besteht aber darin, dass die Sklavenhaltung damals eine von allen Schichten anerkannte Institution war. Sogar die Sklaven selbst akzeptierten sie als einen Teil der Gesellschaftsordnung. Ja, manche von ihnen hielten sich sogar eigene Untersklaven, sogenannte *vicarii*. So waren denn auch die großen Aufstände, wie etwa jener des Spartakus, keine Rebellionen gegen die Sklaverei als System, sondern ein Kampf um individuelle Freiheit.

KÖNIG DER KÖNIGE

„Pausanias rief lachend: ‚Hellenen! Ich wollte euch
dieses Perserhäuptlings Torheit zeigen,
der so üppig lebt und doch zu uns kommt,
um uns Arme zu berauben.'"

(Buch 9, Kapitel 82)

Sommer 479 v. Chr.: Die alles entscheidende Schlacht von
Plataiai war geschlagen. Die Griechen hatten gesiegt, die
Überlebenden des persischen Heeres flohen Hals über Kopf.
Der zweite und letzte Versuch, das griechische Festland
zu erobern, war gescheitert. Heerführer der vereinigten
griechischen Kräfte war der spartanische Feldherr Pausanias. Er war es auch, der als Erster das prächtige Zelt
des persischen Befehlshabers Mardonios betrat. (König
Xerxes war bereits ein Jahr zuvor nach der Niederlage bei
der Seeschlacht von Salamis heimgekehrt und hatte seinen
prunkvollen Hausrat dem Heerführer hinterlassen.)

Verwundert von all dem Gold und Silber, von den edlen
Teppichen und erlesenen Stoffen, befahl der Spartaner den
persischen Köchen, ihm ein Mahl zuzubereiten, wie es ihr im
Kampf gefallener Herr gewohnt gewesen war. „Sie gehorch-
ten, und Pausanias sah nun, wie goldene und silberne Polster
mit Decken belegt, goldene und silberne Tische hingestellt
und ein glänzendes Mahl angerichtet wurde." Welch ein
Unterschied zur einfachen Kost der Griechen, zumal der
besonders soldatischen und genügsamen Spartaner!

Nicht nur in den Augen des spartanischen Generals erwiesen sich die Perserkönige als unverschämt reich und verschwenderisch. Sie zeigten ihren Reichtum offenbar auch sehr gerne. Um 515 v. Chr. hatte Dareios I. Persepolis gegründet, eine Königsresidenz im persischen Kernland, im Süden des heutigen Iran. Auf einer Terrasse, die fast viermal so groß war wie die Grundfläche der (später erbauten) Akropolis in Athen, ließen Dareios und seine Nachfolger dort repräsentative Bauten errichten. Hier standen der Palast des Königs, sein Harem, Verwaltungsgebäude – und, als Mittelpunkt des architektonischen Ensembles, die Apadana, ein quadratischer, rund 3600 Quadratmeter großer Thronsaal, dessen Dach von 36 rund 20 Meter hohen Säulen getragen wurde. Hier empfing der *schahan schah* (König der Könige) Berater und Bittsteller, Untergebene und Gesandte. Wer die Halle betrat, muss allein schon von ihrem Ausmaß eingeschüchtert gewesen sein. An den Seiten der Treppen zum Thronsaal sowie an seinen Wänden waren auf kunstvollen Reliefs die Leibgarde des Königs, adelige Berater sowie eine emsige Dienerschaft dargestellt, die Speis und Trank herbeischaffte. Am eindrucksvollsten aber war und ist auch heute noch die ebenfalls in Reliefs festgehaltene Völkerschau: Hier sieht man, wie Vertreter fast aller Völkerschaften des achämenidischen Reiches zum persischen Neujahrsfest Nowruz dem Großkönig ihren Tribut leisten: Sie tragen silbernen und goldenen Hausrat herbei, Schmuck und Stoffe, Goldbarren und Wolle, aber auch Tiere wie fürstliche Pferde, edle Kamele, wilde Löwen, starke Rinder, exotische Affen – oder auch nur Rinder und Schafe.

Mit diesen Geschenken seiner Untertanen begnügte sich der persische König freilich nicht. Herodot listet akribisch auf, wie viel die jeweiligen Völker und Satrapien (Provinzen) an Steuern zu entrichten hatten. Wie zuverlässig seine Zahlen sind, ist heute schwer zu ermitteln. Doch gab sich unser Reporter derartige Mühe, genaue Ziffern zu nennen, dass wir ihm trauen wollen. Demnach trieb König Dareios I. von seinen Völkern jährlich 14 560 Talente Gold ein. Zum Vergleich: In außerordentlich guten Jahren betrugen die Steuereinnahmen des Attischen Seebunds, der in der Folge der Perserkriege unter der Führung Athens gegründet worden war, gerade mal ein Zehntel der persischen Summe. Doch damit noch nicht genug. Neben den Einnahmen der abgabepflichtigen Völker bekam der Perserkönig auch noch Geschenke von Freunden und Verbündeten wie den Äthiopiern, Arabern oder Kolchern. Auch aus dieser Richtung kamen Luxusgüter an den persischen Hof – Gold, Elfenbein, Weihrauch sowie Knaben und Mädchen.

Der König der Könige schwelgte also tatsächlich in unbeschreiblichem Luxus und Reichtum. Freilich herrschte er auch über das erste Weltreich der Geschichte, das sich zeitweise über drei Kontinente ausdehnte. Ebenfalls in Persepolis, genauer: in den Fundamenten der Apadana, entdeckten Archäologen goldene und silberne Gründungsurkunden aus Dareios' Zeit. Stolz verkündete der *schahan schah*: „Hier ist das Königreich, das ich besitze, von den Saken, die jenseits der Sogdiana leben, bis zum Land Kusch, von Indien bis Lydien." In heutigen Begriffen ausgedrückt heißt dies: Das Perserreich erstreckte sich zum Zeitpunkt seiner größten Ausdehnung von der Donau bis zum Indus, vom Roten Meer bis zum Aralsee, von Libyen bis weit nach Zentralasien. Ein solch imposantes Reich will nicht nur prunkvoll repräsentiert, sondern muss auch ordentlich verwaltet werden.

Bereits der Reichsgründer Kyros hatte die Aufteilung seines Herrschaftsbereichs in Satrapien genannte Provinzen verfügt. In diesen regierten nur dem König verantwortliche Gouverneure. Manchmal waren diese Satrapen eigens eingesetzte Perser, oft jedoch Vertreter der örtlichen Aristokratie. Solange sich die unterworfenen Völker und ihre Fürsten dem König der Könige gegenüber loyal zeigten, war das persische System ohnehin ziemlich flexibel. Die Untertanen konnten ihre kulturelle und politische Identität wahren, ihren Göttern huldigen und ihren Traditionen folgen. Ähnlich wie einige Jahrhunderte später die römischen Cäsaren, ließen auch die achämenidischen Herrscher ein Straßennetz aufbauen, das die verschiedenen Königsresidenzen sowohl miteinander als auch mit allen Satrapien verband. Die „Königsstraße" etwa führte von Sardes nahe der heute türkischen Ägäisküste bis nach Susa im Südwesten des heutigen Iran, eine andere verband Babylon mit Baktrien (hauptsächlich Nordafghanistan) und führte von dort noch bis nach Indien weiter. Auf diesen Verbindungen herrschte ein steter Warenfluss von einem Ende des Reichs zum anderen. Auch erreichten königliche Truppen in Rekordgeschwindigkeit jene Gebiete, in denen sie gebraucht wurden. Außerdem richteten die Achämeniden das erste funktionierende Postsystem der Geschichte ein. Boten eilten mit amtlichen Schreiben wie privater Korrespondenz zwischen den Satrapien und Residenzen hin und her. Entlang dieser Straßen lagen Karawansereien, in denen Händler wie Kuriere sichere Übernachtungsmöglichkeiten fanden. Sowohl die Straßen als auch die Herbergen wurden streng überwacht. Wer also brisante Post zu verschicken hatte, musste sich etwas einfallen lassen. Aber davon habe ich Ihnen ja bereits an anderer Stelle erzählt.

Das persische Reich war ungeheuer wohlhabend, straff organisiert, militärisch hochgerüstet – und verlor trotzdem gegen die zahlenmäßig eigentlich hoffnungslos unterlegenen Griechen. Wie konnte das geschehen? Bereits in der Antike woben die Hellenen am Mythos der aufopferungsbereiten freien Männer, die das Land ihrer Väter höher stellten als das eigene Leben. Da mag etwas dran sein. Für Herodot aber liegt der Samen für den Untergang oder zumindest die Schmach der Perser bereits in ihrem vorangegangenen Erfolg verborgen. Es ist ein immer wiederkehrendes Thema bei ihm, dass allzu wohlhabende, allzu mächtige, letztlich also allzu verwöhnte Herrscher und Völker an ihrem Hoch- und Übermut zugrunde gehen. Man kennt die Geschichte vom sagenhaft steinreichen und sorgenfreien Lyderkönig Krösus, der in seiner Hybris einen Orakelspruch aus Delphi („Wenn du den Halys überschreitest, wirst du ein großes Reich zerstören.") falsch interpretierte, gegen die Perser zog – und selbst alles verlor. Ganz Ähnliches erzählt Herodot auch von den Medern. Das Achämenidenreich ging freilich mit den glücklosen Feldzügen gegen das griechische Festland noch lange nicht unter. Dazu brauchte es über 100 Jahre später den großen Alexander aus Makedonien, der als erster Europäer über ein Weltreich herrschte, an welchem er sich allerdings nicht lange erfreuen konnte und das nach seinem frühen Tod auseinanderfiel.

Eine Geschichte von Hybris und Untergang, die unserem Reporter sicher gefallen hätte, ereignete sich viele Jahrhunderte nach seinem Tod. Im Oktober 1971 beging der atemberaubend reiche und mehr als selbstbewusste Mohammad Reza Schah Pahlavi im Kreise illustrer Staatsgäste aus aller Welt in Persepolis die 2500-Jahr-Feier der iranischen Monarchie – und im Januar 1979 musste er, gestürzt und geächtet, doch sein Land verlassen.

DER VERRÜCKTE DESPOT

> *„Kambyses nämlich soll seit seiner Geburt*
> *an einer schweren Krankheit gelitten haben,*
> *die manche Leute die heilige Krankheit nennen.*
> *Es ist gewiss nicht wunderbar, dass er bei so*
> *schwerer leiblicher Krankheit auch geistig*
> *nicht gesund war."*
>
> (Buch 3, Kapitel 33)

Als Kambyses II. von Wüste, Durst und Hunger grausam geschlagen mit seiner dezimierten Streitmacht vom Feldzug gegen Äthiopien nach Ägypten zurückkehrte, feierte das Volk in Memphis gerade das Erscheinen des heiligen Apisstiers. Die Menschen legten ihre Festtagsgewänder an, jubelten und feierten auf den Straßen. Der Perserkönig aber, der Ägypten kurz zuvor unterworfen hatte, meinte, das Volk verhöhne ihn und amüsiere sich über sein so grausam misslungenes militärisches Unternehmen. Sofort rief er die Noblen der Stadt zu sich und stellte sie zur Rede. „Als sie vor ihm standen, fragte er sie, warum denn die Ägypter bei seinem ersten Aufenthalt in Memphis sich nicht ebenso betragen hätten wie jetzt, wo er einen großen Teil seines Heeres verloren habe", erzählt Herodot. „Sie erwiderten, der Gott habe sich gezeigt, der nur in langen Zeiträumen zu ihnen zu kommen pflege. Aber wenn er erschiene, feiere ganz Ägypten ein Freudenfest." Kambyses glaubte den Stadtoberen von Memphis nicht und ließ sie hinrichten. Der zornige Herrscher war aber noch längst nicht besänftigt.

Priester mussten ihm den heiligen Stier bringen, und als der König das Tier sah, zog er seinen Dolch und stach wie rasend auf es ein, verletzte es am Schenkel und verhöhnte dabei die ägyptischen Gläubigen. „Sind das Götter, die Fleisch und Blut haben und das Eisen fühlen? Solch einen Gott freilich verdienen die Ägypter; aber ungestraft sollt ihr meiner doch nicht spotten!" Der Perser ließ die Priester peitschen und befahl, jeden zu töten, der festlich gekleidet war. Während der Stier im Tempel an seiner Wunde verblutete und die Feiernden gejagt wurden, verbreitete sich unter den Ägyptern das Gerücht – oder die Gewissheit? –, der König sei wegen seiner Freveltat wahnsinnig geworden.

Mit der Episode vom wütenden Despoten in Memphis eröffnete Herodot seinen Bericht über den Wahnsinn des Kambyses. Es folgt eine ganze Reihe von rasenden, frevlerischen, blutrünstigen Irrsinnstaten des Perserkönigs, die durchaus mit späteren Berichten von römischen Cäsaren wie Nero oder Caligula vergleichbar sind. Obwohl unser Gewährsmann aus Halikarnassos auch in diesem Fall seinem nüchternen, ausgewogenen Stil treu bleibt, entwickelt sich Kambyses bei ihm in wenigen Absätzen zu einem grausamen, hemmungslosen Despoten, der scheinbar keine Gelegenheit auslässt, die Gesetze von Menschen wie Göttern zu brechen und sich den guten Sitten zu widersetzen. Inzest, Totschlag, Mord, Blasphemie – Schandtat folgt auf Frevel, folgt auf Verbrechen, und vor unseren Augen erhebt sich ein Unhold von geradezu Shakespeareschem Format. Der König heiratet zwei seiner Schwestern.

Bei den Persern hatte die Geschwisterheirat – anders als etwa in Ägypten – keine Tradition. Also berief Kambyses königliche Richter ein, die ihm die Legitimität der Ehe zuerst mit der älteren, später auch mit der jüngeren Schwester zu bescheinigen hatten. Die Befragten erwiesen sich im Interesse ihres persönlichen Wohlergehens als ausgesprochen geschmeidige Rechtsgelehrte: „Sie erwiderten, es gebe kein Gesetz, das Geschwisterehen gutheiße, aber es gäbe freilich ein anderes Gesetz, das dem Perserkönig Freiheit gäbe, zu tun, was er wolle." Eine seiner beiden Schwestern und Gemahlinnen erschlug er später im Zorn, mit ihr das Kind, das sie unter ihrem Herzen trug. Sie hatte den König durch ihre ständigen Klagen über den gewaltsamen Tod des gemeinsamen Bruders Smerdis erzürnt. Diesen nämlich hatte Kambyses ermorden lassen, da er fürchtete, er strebe nach dem Thron. So geht es munter weiter, vor den Launen des Despoten ist niemand sicher: Kinder so wenig wie Frauen, Aristokraten nicht mehr als Diener.

„Solche Taten verübte er noch viele", schrieb Herodot und sah dennoch den zwingenden Hinweis auf die Geistesstörung des Königs, vor allem in dessen Freveltaten gegen die Kult- und Götterbilder seiner nichtpersischen Untertanen. „Mir ist es ganz klar, dass Kambyses wahnsinnig war", hielt er fest. „Er hätte sonst die fremden Gottheiten und Gebräuche nicht verhöhnt." Ganz anders hingegen habe sein Nachfolger Dareios gehandelt. Der einstige Speerträger des Kambyses achtete die Bräuche seiner Untertanen, ließ jeden nach seiner Art glücklich werden – solange er nur loyal blieb. „Denn wenn man an alle Völker der Erde die

Aufforderung ergehen ließe, sich unter den verschiedenen Sitten die vorzüglichsten auszuwählen, so würde jedes die seinigen allen anderen vorziehen", so erinnern wir uns.

Schließlich ist auch der Abgang des Kambyses von Shakespeare'schem Kaliber. Auf dem Wege nach Persien, wo er einen Aufstand niederschlagen wollte, verletzte er sich beim Aufsitzen auf sein Pferd mit dem eigenen Schwert. „Die Wunde war an derselben Stelle, wo er damals den ägyptischen Gott Apis getroffen hatte." So rächte sich nach nur siebeneinhalb Jahren Königswürde die Freveltat, die am Anfang des despotischen Wahnsinns stand. Worin auch immer dieser begründet gewesen sein mag, die „heilige Krankheit", wie Herodot es andeutete, war sicher nicht der Auslöser. So nannte man in der Antike nämlich die Epilepsie, da die an ihr Erkrankten offenbar aus dem Nichts und ohne große Anstrengung in scheinbare Trancezustände verfielen.

DREIHUNDERT MANN

„Hier wurden sie, mit Dolchen sich wehrend,
soweit sie noch Dolche hatten, oder mit Händen und
Zähnen kämpfend, unter den Geschossen der Barba-
ren begraben, die teils ihnen nachgeeilt
waren und die Schutzwehr der Mauer einrissen,
teils sich im Kreise um sie herumdrängten,
so dass Feinde auf allen Seiten standen."

(Buch 7, Kapitel 225)

Im Sommer des Jahres 480 v. Chr., ein Aufstand in Ägypten war gerade niedergeworfen worden, wollte der Perserkönig Xerxes I. vollenden, was sein Vater Dareios zehn Jahr zuvor begonnen hatte. Dieser war 490 v. Chr. mit einem Expeditionskorps ins griechische Mutterland vorgedrungen und hatte bei Marathon eine Niederlage hinnehmen müssen. Sein Sohn wollte nun ein für alle Mal die Hellenen niederringen. Natürlich ging es auch ihm darum, die Athener für die Unterstützung des Ionischen Aufstands, die Initialzündung der Perserkriege, zu bestrafen. Doch damit war die Sache für Xerxes nicht getan. Er wollte mehr und kündigte dies in einer großen Rede vor dem persischen Kriegsrat an: „Wenn wir die Athener und deren Nachbarvölker unterworfen haben, so dehnen wir das persische Reich so weit aus, dass es mit dem Himmel zusammenstößt. Kein Nachbarland Persiens soll dann mehr die Sonne bescheinen, sondern alle Länder machen wir zu einem einzigen Reich und ziehen durch ganz Europa." Wenn Griechenland falle, sei der Rest ein Kinderspiel: „Denn man sagt mir, dass keine Stadt und kein Volk auf Erden mehr den Kampf mit uns wagen kann, wenn einmal die, von denen ich sprach, aus dem Weg geräumt sind. So sollen alle, sei es verdient oder unverdient, unser Sklavenjoch tragen." Xerxes wollte also die Welt erobern – und wir ahnen schon, dass das nicht gut gehen kann. Tut es auch nicht, dazu kommen wir gleich. Doch erst einmal stellt der Perserkönig eine riesige Streitmacht auf. Mit einem Expeditionskorps sind schließlich keine Welten zu erringen. Herodot errechnete in seinem Bericht etwas langwierig die Truppenstärke des persischen Heeres. Letztlich laufen die Berechnungen darauf hinaus, die persische Streitmacht sei mitsamt ihren arabischen, libyschen und den „zum Mitzuge gezwungenen" hellenischen Hilfstruppen 2 614 610 Mann stark gewesen. Damit aber nicht genug, denn durch den für Versorgung und Transport zuständigen Tross verdoppelte sich die Menschenmasse laut Herodot beinahe auf 5 283 220 Mann. „So groß war die Zahl der gesamten persischen Heeresmacht", stellt unser Reporter fest – und es reicht noch immer nicht: „Die Zahl der Köchinnen, der Kebsweiber, der Eunuchen aber kann gewiss niemand angeben, ebenso wenig der Zugtiere, der sonstigen Lasttiere und Hunde; es waren zu viele." Herodots Zahlen waren zwar akribisch zusammengetragenen und genau aufgeschlüsselt, aber auch ziemlich sicher übertrieben. Doch selbst in vorsichtigen Schätzungen gehen Militärhistoriker davon aus, dass die Streitmacht der Perser mindestens 70 000 Mann gezählt habe.

Es war jedenfalls ein gewaltiges Heer, das die Dardanellen auf einer eigens errichteten Brücke überquerend in Griechenland einmarschierte. Den Norden des Landes hatten die Hellenen kampflos geräumt. Erst an den Thermopylen, einem strategisch immens wichtigen Pass zwischen dem Ägäischen Meer und dem Kallidromosgebirge in Mittelgriechenland, wollten sie den Eindringling aus dem Orient erwarten. Rund 5200 Griechen bezogen hier im August 480 v. Chr. ihre Stellungen. Dass sie gegen den heranrückenden Feind völlig chancenlos waren, nahmen sie in Kauf. Es ging auch nicht darum, den Persern eine offene Feldschlacht zu liefern. Das Heer des Xerxes sollte so lange wie nur irgend möglich von seinem Marsch auf Athen aufgehalten werden. Die Strategie war, so den übrigen Griechen Zeit zur Sammlung zu verschaffen und zugleich den Persern einen möglichst hohen Blutzoll abzuverlangen.

Drei Tage lang dauerte die Schlacht bei den Thermopylen. Die Perser rannten an, die Griechen hielten stand. Durch einen Verrat gelang es den Truppen des Xerxes schließlich die Hellenen einzukesseln. Nun zog ein Großteil der Verteidiger ab. Doch der Spartanerkönig Leonidas blieb mit 300 Mann am Pass. Sie waren nicht allein, die Spartaner, denn auch griechische Krieger aus Thespiai und Theben, deren Heimat direkt hinter dem Pass lag, verließen ihre Stellungen nicht – insgesamt standen noch rund 1000 Krieger dem persischen Heer im Weg. Doch die Spartaner hatten offenbar die bessere PR, denn ihre 300 Krieger gingen in die Geschichte ein, als Männer, die ihr Leben hingaben für ihr Land, ihre Freiheit, ihre Lebensart. Denn als eine Schlacht nicht nur zweier Heere, sondern zweier Systeme beschrieb bereits Herodot als erste und wichtigste Quelle der Geschichte diesen aus griechischer Sicht aussichtslosen Kampf. Während die Perser ihre Soldaten mit Peitschenhieben ins Getümmel trieben, kämpften die Griechen, so Herodot und viele andere nach ihm, als freie Männer nach Sitte der Väter, und was man sonst so sagte und schrieb in solchen Dingen.

Natürlich gingen die Griechen schließlich unter, auch wenn sie sich mit „Händen und Zähnen" wehrten. Dafür gingen sie in die Geschichte ein, als die Helden einer der berühmtesten Schlachten des Altertums. Herodot behauptete noch, die Namen aller 300 Spartaner zu kennen – vielleicht hatte er eine Gedenktafel gesehen. Wir können damit nicht aufwarten, aber dank unseres Reporters kennen wir immerhin Leonidas, König und Heerführer der Spartaner. Die Männer wurden (und werden) bewundert. Ihre Lieder wurden gesungen, und Friedrich Schiller sang mit: „Wanderer, kommst du nach Sparta, verkündige dorten, du habest / uns hier liegen gesehn, wie das Gesetz es befahl."

Aber ist der Heldenmut bewundernswert? Was zählt der Opfertod? Militärisch entschieden wurde nichts bei den Thermopylen. Die Perser drangen nach drei Tagen weiter vor, besetzten und verwüsteten Athen, eroberten das heilige Delphi. Erst in der Seeschlacht bei Salamis sowie in der im nächsten Frühjahr geführten Schlacht von Plataiai konnten die Griechen die Eindringlinge schlagen.

Aus strategischer Sicht war das im August 480 v. Chr. vergossene Blut verschwendet – Stoff für Mythen zwar, aber wessen Mythen sind das? Am 30. Januar 1943, die Schlacht von Stalingrad war für die Wehrmacht schon verloren, hielt Hermann Göring zum 10. Jahrestag der sogenannten Machtergreifung seine berühmt-berüchtigte Leonidas-Rede: „Es waren dreihundert Männer, meine Kameraden", schwadronierte er im sicheren Ehrensaal des Reichsluftfahrtministeriums in Berlin, „Jahrtausende sind vergangen, und heute gilt jener Kampf und jenes Opfer dort noch so heroisch, immer noch als Beispiel höchsten Soldatentums. Und es wird auch einmal in der Geschichte unserer Tage heißen: Kommst du nach Deutschland, so berichte, du habest uns in Stalingrad kämpfen sehen, wie das Gesetz es befohlen hat." Die Festrede wurde über den „Großdeutschen Rundfunk" übertragen, das Volk daheim, die Soldaten an der Front waren – auch in Stalingrad – dabei, als der Oberbefehlshaber der deutschen Luftwaffe das Totenlied der 6. Armee anstimmte: „Das Gesetz befahl auch ihnen, zu sterben, damit die Rasse weiter siegen und leben konnte." Umgehend funkte der General der Infanterie Karl Strecker aus dem Kessel zurück: „Vorzeitige Leichenreden unerwünscht." Rund 100 000 Überlebende der Schlacht von Stalingrad gingen in sowjetische Kriegsgefangenschaft, nur 6000 kehrten wieder heim. Solche Schlachten gehörten zu den Mythen jener Männer, die ihre „Helden" überhaupt erst hingeschickt hatten.

KAMPF DER KULTUREN

„Von dieser Zeit an hätten die Perser stets,
was hellenisch ist, als feindlich betrachtet.
Denn sie sehen ganz Asien als ihr Vaterland und
alle Barbarenvölker, die es bewohnen, als ihre
Verwandten an. Europa aber und das Land der
Hellenen gilt ihnen als fremdes Land."

(Buch 1, Kapitel 4)

Am Anfang stand Frauenraub. Erst, so erzählte Herodot die persischen Mythen, hätten die asiatischen Phönizier eine griechische Prinzessin entführt, nämlich Io, die Tochter des Königs Inachos von Argos. Daraufhin hätten die Hellenen ihrerseits die kolchische Königstochter Medea geraubt – Sie merken schon, wir bewegen uns knietief in der Mythologie – und sie trotz mehrmaliger Aufforderungen weder ihrem Vater wieder ausgehändigt, noch ein angemessenes Bußgeld bezahlt.

Schließlich – „ein Menschenalter danach" – hätten wieder die Asiaten zugeschlagen: Der Trojaner Alexandros, Sohn des Priamos, verschleppte Helena, die Gattin des spartanischen Königs Menelaos. Die Griechen aber hielten sich nun plötzlich nicht mehr an die Spielregeln. Denn aus persischer Sicht, so Herodot weiter, sei „Weiberraub treiben zwar nicht recht, aber für den Raub ernstlich Rache zu nehmen, töricht." Schließlich ließe sich wohl kaum eine Frau gegen ihren Willen rauben und schon gar nicht heiraten – das weibliche Einverständnis sei in solchen Fällen meist vorauszusetzen. Indem nun aber die Griechen mit einem gewaltigen Heer nach Asien übersetzten und – mittlerweile waten wir bis zur Hüfte im Mythos – Troja, die Stadt des Priamos, belagerten sowie schließlich dem Erdboden gleichmachten, beschworen sie die immerwährende Feindschaft der orientalischen Großmacht herauf, die alles, „was hellenisch ist, als feindlich betrachtet".

Gewürzt mit allerlei Anekdoten von selbstverliebten, manchmal verweichlichten Königen im Osten sowie aufrechten, freien Männern im Westen entstand so ein Klischeebild, das bis heute noch verbreitet ist, wonach zwischen Griechen und Persern unüberbrückbare Differenzen bestanden – hüben in hellem Strahlenkranz die Errungenschaften der attischen Demokratie, drüben orientalische Tyrannei. Herodot war der Erste, der dieses Bild zeichnete, zugleich aber auch der Erste, der es sich nicht nehmen ließ, Gutes an den Persern und Schlechtes an seinen Landsleuten zu entdecken und zu benennen.

Doch das Bild der unvereinbaren Gegensätze hält sich bis heute: Im Herbst 2006 etwa schrieb der „Spiegel" über Gaius Julius Caesar, er sei den Verlockungen des „orientalischen Despotismus" erlegen, als er sich unter dem Einfluss der verführerischen Ägypterin Kleopatra daran machte, die Römische Republik auszuhebeln. Sehen wir davon ab, dass diese Republik schon recht morsch war und Caesar nicht der Erste, der an ihrem Gerüst sägte, bleibt am Ende nur das Bild von der orientalischen Verführerin, die den braven Abendländer zu allerlei Unsinn anstiftete, vor allem aber zum Despotismus. Im Jahr darauf setzte Zack Snyder mit seiner Verfilmung des Comic „300" dem Klischee ein ebenso farbenprächtiges wie schwarz-weiß-malerisches Denkmal, bei dem die Perser derart überzeichnet waren, dass man sich fragen musste, wie dieser Haufen von Freaks überhaupt bis an die Grenzen Griechenlands vordringen konnte. Wie auch immer: Zu Beginn des 5. Jahrhunderts v. Chr. hatten die persischen Achämeniden ihr Herrschaftsgebiet zum ersten Weltreich der Geschichte geformt und Mesopotamien, Ägypten, Kleinasien und Teile Indiens sowie Zentralasiens erobert. Die Versuche, nach Europa, auf das griechische Festland zu expandieren, endeten, wie wir inzwischen wissen, im Desaster. Die Demokraten in ihren kleinen Stadtstaaten hatten sich gegen eine ungeheure Übermacht durchgesetzt.

Doch schon kurz nach dem Triumph gegen die Tyrannei aus dem Osten gründeten 477 v. Chr. Athen und mehrere Küstenstädte sowie einige ägäische Inseln den Attisch-Delischen Seebund. Der Verband freier griechischer Staaten – sozusagen eine Koalition der Willigen – unter der militärischen wie politischen Führung Athens sollte als Bollwerk gegen etwaige weitere persische Übergriffe dienen.

Bald jedoch entwickelte sich daraus ein imperialistisches Machtinstrument der vorbildlichen Demokratie in der Stadt der Göttin Athene. Und mag uns der Parthenon auf der Athener Akropolis als stolzes Monument der ersten Demokratie gelten, bleibt es zugleich auch ein Wahrzeichen, das vom Triumph der Athener künden soll, bezahlt aus Mitteln der Verbündeten im Attisch-Delischen Seebund, letztlich also von Vasallen. Im Peloponnesischen Krieg von

431 – 404 v. Chr. sollte Athen schließlich alles politische und moralische Ansehen verlieren – aber das ist eine andere Geschichte.

Die Erzählung vom verdammenswerten Orient entstand jedenfalls nicht unter den Zeitgenossen. Der Dramatiker Aischylos (525 – 456 v. Chr.) etwa, der selbst in der ruhmreichen Schlacht von Marathon den achämenidischen Truppen gegenüberstand, verunglimpfte den orientalischen Gegner in seinem Stück „Die Perser" keineswegs. Und auch Herodot näherte sich ihnen oft mit entspannter und aufrichtiger Neugier, manchmal gar mit Bewunderung. Der Protagonist der „Historien" ist letztlich auch das persische Reich mit seinem unfassbaren Aufstieg und seinem ungeahnten (und doch vorbestimmten) Fall. Die Stilisierung des Feindes aus dem Orient zum grundsätzlich Fremden, zum despotischen, barbarischen „Reich des Bösen", blieb späteren Generationen vorbehalten. Sie zieht sich über die Konflikte des Imperium Romanum mit wechselnden Dynastien aus dem Perserreich über die Kreuzzüge – selbstverständlich mit Unterbrechungen und beileibe nicht geradlinig – bis heute durch. Wer möchte bezweifeln, dass sich mit den USA und den religiösen Bösewichten in Teheran zwei grundlegend verschiedene Systeme gegenüberstehen?

Doch die Grenzen zwischen Orient und Okzident waren (nicht nur) zur Zeit der Achämeniden gar nicht so undurchlässig, wie wir es uns aus der Distanz der Jahrhunderte denken mögen. Bei Persepolis fanden Archäologen griechische Graffiti aus der Zeit von 700 bis 500 v. Chr. Die Herren Pytarchos und Nikon hatten sich verewigt, möglicherweise „Gastarbeiter" bei der Errichtung der prächtigen Bauten in der persischen Hauptstadt. Wenn auch sehr wahrscheinlich viele Griechen nicht freiwillig ins Achämenidenreich zogen, sondern von siegreichen Armeen verschleppt wurden: In der Steinbearbeitung – sowohl in der Architektur wie auch in der Bildhauerei – sind in der persischen Kultur jener Epoche griechische Einflüsse nicht zu übersehen. Auf der anderen Seite sind zwar weder aus Griechenland selbst noch von den Stadtstaaten der ionischen Küste Kleinasiens erkennbare persische Einflüsse bekannt. Anders aber verhält es sich in jenen Regionen Anatoliens, die über längere Zeit erst griechischem, dann persischem Einfluss ausgesetzt waren – etwa in Lydien oder Lykien an der Mittelmeerküste der heutigen Türkei. Hier entwickelten sich aus eigenständigen kleinasiatischen sowie griechischen und persischen Elementen neue Ausdrucksformen.

Erst mit dem Welteroberungszug Alexanders des Großen gelang die Verschmelzung zweier Kulturkreise tatsächlich – wenn auch nur für eine beschränkte Zeitspanne. Dominierend war im Hellenismus allerdings die Kultur des mittlerweile monarchischen Griechenland.

WEITERFÜHRENDE LITERATUR

Alle Herodot-Zitate stammen aus: HERODOT, Historien, 4. Auflage, Kröners Taschenausgabe 224, Stuttgart 1971

Assmann, Jan, Ägypten. Eine Sinngeschichte, Frankfurt am Main 1999

Bataille, Georges, Der heilige Eros, Darmstadt/Neuwied 1963

Baykal, Hakan, Vom Perserreich zum Iran. 3000 Jahre Kultur und Geschichte, Stuttgart 2007

Bichler, Reinhold, Herodots Welt, Berlin 2001

Eco, Umberto, Die Suche nach der vollkommenen Sprache, München 1997

Göttlicher, Arvid, Seefahrt in der Antike. Das Schiffswesen bei Herodot, Darmstadt 2006

Keller, Werner, Da aber staunte Herodot, München/Zürich 1972

Korn, Wolfgang, Mesopotamien. Wiege der Zivilisation, Stuttgart 2004

Luther, Andreas, Der Seekontakt zwischen Rom und Indien, in: fundiert: Wasser, Berlin 2011

Parzinger, Hermann, Die Skythen, München 2004

Ranke-Graves, Robert von, Die Weiße Göttin. Sprache des Mythos, Hamburg 1985

Wilkinson, Toby, Aufstieg und Fall des Alten Ägypten, München 2012

Zick, Michael, Türkei. Wiege der Zivilisation, Stuttgart 2013 (2. aktualisierte Ausgabe)

HAKAN BAYKAL, Jg. 1966, lebt als freier Autor und Journalist in Berlin. Seine Artikel zu archäologischen, historischen und kulturpolitischen Themen veröffentlicht er unter anderem bei *Spektrum der Wissenschaft,* dem *Tagesspiegel* und der *Zeit.* 2007 erschien sein erstes Buch *Vom Perserreich zum Iran – 3000 Jahre Kultur und Geschichte* (Theiss).